★★★ 中等职业教育通用教材

贺福山 编著

兰州大学出版社

DIANGONG JINENG YU SHIXUN

电工技能与实训

zhongdengzhiyejiaoyu

图书在版编目（CIP）数据

电工技能与实训 / 贺福山编著. -- 兰州 : 兰州大学出版社, 2014.10
ISBN 978-7-311-04583-8

Ⅰ. ①电… Ⅱ. ①贺… Ⅲ. ①电工技术—中等专业学校—教材 Ⅳ. ①TM

中国版本图书馆CIP数据核字(2014)第240952号

责任编辑　郝可伟
封面设计　张馨月

书　　名　电工技能与实训
作　　者　贺福山　编著
出版发行　兰州大学出版社　(地址:兰州市天水南路222号　730000)
电　　话　0931-8912613(总编办公室)　0931-8617156(营销中心)
　　　　　0931-8914298(读者服务部)
网　　址　http://www.onbook.com.cn
电子信箱　press@lzu.edu.cn
印　　刷　兰州德辉印刷有限责任公司
开　　本　787 mm×1092 mm　1/16
印　　张　12
字　　数　233千
版　　次　2014年12月第1版
印　　次　2014年12月第1次印刷
书　　号　ISBN 978-7-311-04583-8
定　　价　28.00元

前 言

本着职业教育“以就业为导向，以能力为本位”的宗旨，为培养实用型技术人才，促进就业和再就业，缓解企业的技工短缺，缩小学校的教学目标与用人单位所需人员能力之间的差距，我们根据国家维修电工初、中级技能鉴定标准，编写了本教材。本教材重点强化电工技能操作训练，采用“项目—任务”驱动教学模式，融电工技能与鉴定考核为一体，力求化繁为简，通俗易懂。它不仅适用于职业学校电工电子类专业的教学，也适于社会电工技术培训与自学使用。

本教材的编写特色如下。

1. 以职业定向为依据

以国家对初级和中级维修电工技能鉴定的要求为大纲，以技能与考证相结合为原则，以现实社会和地方经济对人才的需求为依据。

2. 以培养能力为主线

以培养学生的实际操作技能、解决实际问题的能力，以及就业后拓展生存空间所必备的素质为主线。

3. 以全面发展为宗旨

本教材囊括了目前维修电工应具备的所有知识，力求系统而全面，突出技能训练，旨在提高学生的技能水平。

4. 以坚持创新为方向

本教材与时代同步，增加了新知识、新工艺、新产品、新技术等内容。

课程的编排方式采用项目模块方式，每一模块由几个任务组成，任务又由知识、实训、评估三个部分组成。

知识：以“必需、够用”为原则，围绕学习任务阐述理论知识，力求语句简练，通俗易懂，图文并茂，使知识更具有直观性，易于学生的自学。

实训：通过一定课时的实际操作训练，完成特定操作任务，提高学生的操作技能，培养学生的实际操作能力。在实训中加深对理论的理解。

评估:为使学生可以在较短时间内对所学知识的掌握情况得到检测和直接反馈,采取以学生为主、教师为辅的方式,进行讨论和评价,以激励学生的学习;为教师掌握教学效果提供直接的依据,便于对教学工作的调整。

在本教材的编写过程中,我参考了相关书刊和资料,也采纳了一些一线电工师傅长期积累的经验,杨善老师提供了实际工作案例和建议,在图片采集时陶雪梅、梁开军和施柏年老师给予了帮助。在此一并向他们表示感谢。

由于时间仓促及水平有限,书中难免存在疏漏和错误,望读者批评指正,以便修订,使本教材更加完善,更加实用。

贺福山

2014年4月

CONTENTS

目 录

目 录 CONTENTS

CONTENTS 目录

目 录 CONTENTS

CONTENTS 目录

目　录 CONTENTS

项目一

安全用电常识

知识目标

1. 熟知电工操作的基本安全知识、用电常识与安全措施；
2. 熟知触电的急救方法和电气消防知识；
3. 掌握保护接地、保护接零的概念、作用、适用范围及注意事项；
4. 掌握配电线路对电气装置的安全要求。

技能目标

1. 掌握触电现场的诊断法，能进行正确的触电现场急救；
2. 能正确选择漏电保护器、导线及保护装置；
3. 能正确规范地按电工要求操作及正确使用各种仪器仪表。

任务一　触电现场的抢救

知识一　触电的类型和方式

一、触电的类型

触电是指人体触及或接近带电导体，发生电流对人体造成伤害的现象。触电时，电流对人体造成的伤害有电击和电灼伤两种类型。

1. 电击

电击是指电流流过人体内部，影响心脏、呼吸系统和神经系统的正常功能，造成人体内部组织的损坏，甚至危及生命的现象，是最危险的触电类型。由于电击时电流从身体内部流过，故大部分触电者外伤并不明显，多数只留下几个放电斑点，这是电击的一大特征。

2. 电灼伤

电灼伤是指人体外部受伤，如电弧灼伤、与带电体接触后的电斑痕以及在大电流下熔化而飞溅的金属末对皮肤的烧伤等。

二、触电的方式

按照发生触电时电气设备的状态，触电可分为直接接触触电和间接接触触电。

1. 直接接触触电

（1）单相触电。单相触电是指人体接触地面或其他接地体，人体某一部分触及一相带电体的触电事故，如图1-1-1所示。对于高压带电体，人体虽未直接接触，但如果安全距离不够，高压对人体放电，造成单相接地引起的触电，也属于单相触电。在触电事故中，大部分属于单相触电。

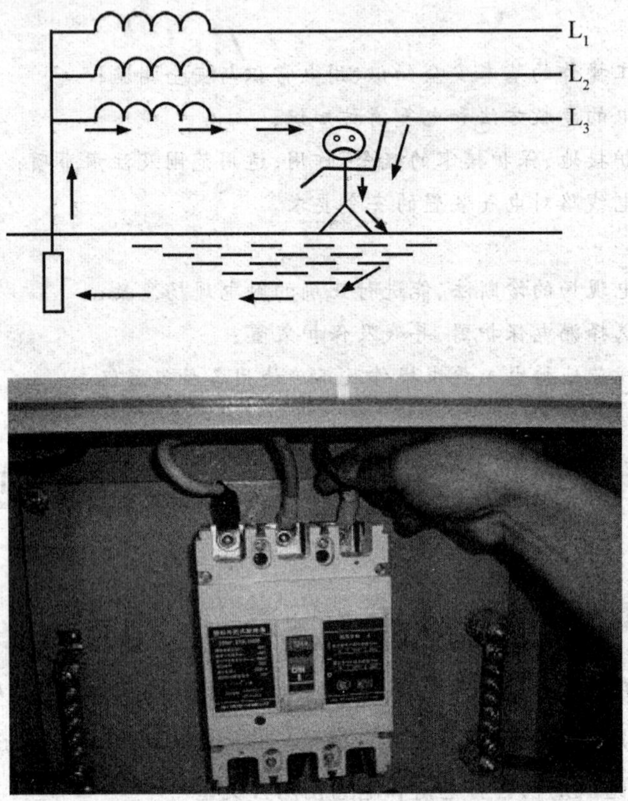

图1-1-1

（2）两相触电。两相触电是指人体的两处同时接触带电的两相电源的触电方式，如图1-1-2所示。人体两端的电压为线电压，强大的电流会通过人的心脏，造成的后果非常严重，这是最危险的一种触电方式。

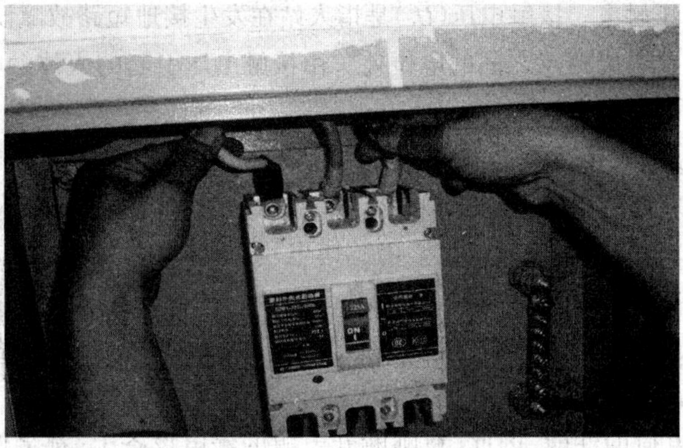

图 1-1-2

2. 间接接触触电

(1)跨步电压触电。当电气设备或线路发生接地故障时,接地故障电流通过接地体流向大地,在大地表面形成分布电位(在接地体近端电位最高,离开接地体电位逐渐降低,20 m处电位趋于零),此时如有人在接地体附近行走,则两脚之间的电位差即为跨步电压(U_V),如图 1-1-3,跨步电压引起的触电称为跨步电压触电。线路电压(U_E)越高,离落地点越近,触电的危险性越大。

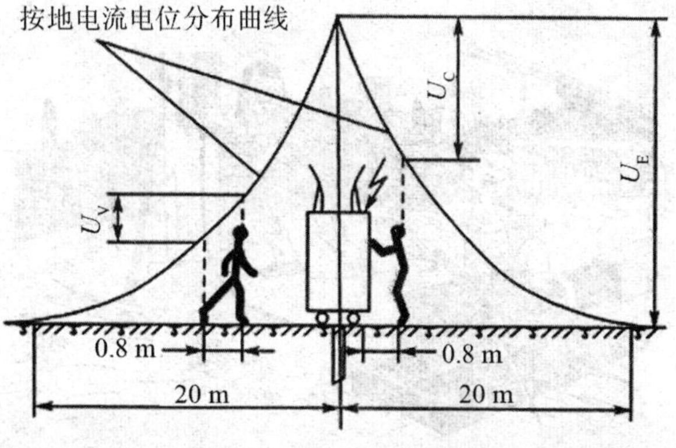

图 1-1-3

(2)接触电压触电。接触电压(U_C)是指人站在发生接地短路故障设备的旁边,人手触及设备外壳,手与脚两点之间的电位差。由接触电压引起的人体触电称为接触电压触电。

(3)感应电压触电。由于带电设备的电磁感应和静电感应作用,使附近的停电设备上感应出一定的电位,其数值的大小取决于带电设备电压的高低、停电设备与带电设备的距离、几何形状等因素。由感应电压引起的触电称为感应电压触电。感应电压的出现往往是由于电气工作者缺乏防范意识,因此,其具有相当大的危害性。在电力系统中,感应电压触电事故屡有发生,甚至造成了伤亡事故。

(4)剩余电荷触电。电气设备的相间绝缘和对地绝缘都存在电容效应,由于电容器具有储存电荷的性能,因此,在刚断开电源的停电设备上,都会保留一定量的电荷,称为剩余电荷。如此时有人触及停电设备,就可能发生剩余电荷触电。

(5)静电触电。静电是一种自然现象,随着科学技术的发展,在生产实践中静电已被人们广泛利用。但是,静电能引起爆炸、火灾,也能对人体造成电击伤害。由静电引起的触电称为静电触电。

知识二 触电急救的方法

一、触电急救的要点

触电急救的要点是抢救迅速与救护得法。即用最快的速度在现场采取积极措施,保护触电者的生命,减轻伤情,减少痛苦,并根据伤情要求,迅速联系医疗部门救治。即便触电者已失去知觉、停止心跳,也不能轻率地认定其已死亡,而应看作是"假死",实施急救。有资料表明,触电后1分钟内开始,被实施救治者90%具有良好的效果;6分钟后开始,被实施救治者只有10%有效果。

二、触电急救的方法

1. 触电者迅速脱离电源

若能及时切断开关或拔掉插头,应立即切断电源。如图1-1-4。

图1-1-4

若无法及时通过开关或插头切断电源，应采用与触电者绝缘的方法使其脱离电源，如戴上绝缘手套拉开触电者，或用干燥的木棒、竹竿等绝缘物挑开导线，或用有绝缘手柄的钢丝钳剪断电线等。如触电者在高空中，应在使之脱离电源的同时，做好防止摔跌的保护工作。

2. 现场检查

触电者脱离电源后，立即就地检查。若已经失去知觉，则要着重检查触电者的双目瞳孔是否已经放大，呼吸和心跳是否已经停止等。在检查时应使触电者仰面平卧，松开衣服和腰带，打开窗户加强空气流通，同时也要注意触电者的保暖，并及时通知医院前来抢救。

3. 对症救护

根据初步检查结果，立即进行对症救护，并采用合适的急救方法。

(1)人工呼吸法。对有心跳而呼吸停止(或呼吸不均匀)的触电者，应采用“口对口(或口对鼻)人工呼吸法”进行抢救。方法如下。

①使触电者仰卧，松开衣裤，以免影响呼吸时胸廓及腹部的自由扩张。再使其颈部伸直，头部尽量后仰，掰开口腔，清除口中污物，取下假牙，如果舌头后缩，应拔出舌头，使进出人体的气流畅通无阻，如图1-1-5。如触电者牙关紧闭，可用木片、金属片从嘴角处伸入牙缝，慢慢撬开。

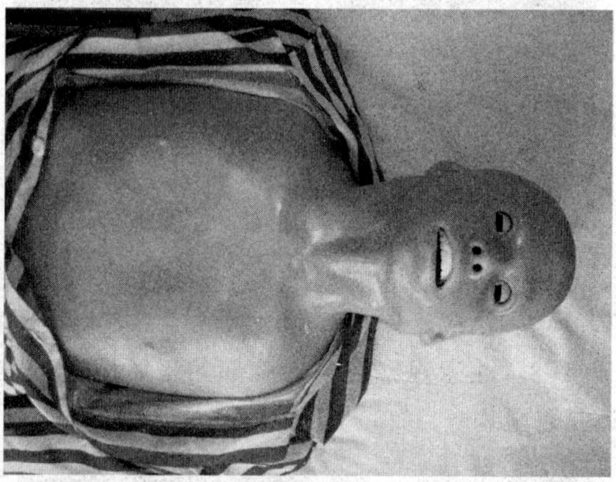

图1-1-5

②救护者位于触电者头部一侧，用靠近其头部的一只手捏紧触电者的鼻子(防止吹气时气流从鼻孔漏出)，并用这只手的外线压住其额部，另一只手托其颈部，将颈上抬，这样可使其头部自然后仰，解除舌头后缩造成的呼吸阻塞。如图1-1-6。

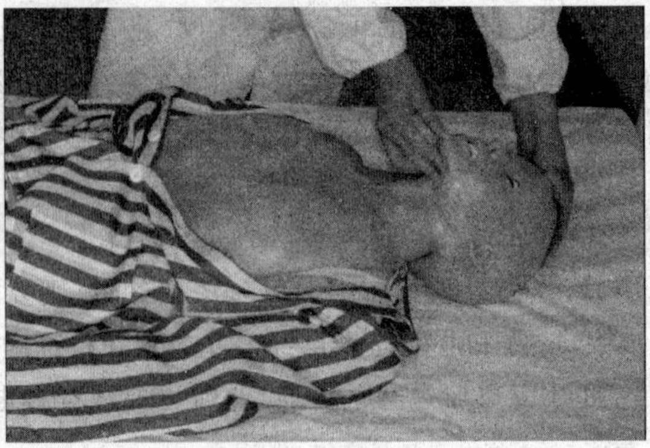

图 1-1-6

③救护者深呼吸后，用嘴紧贴触电者的嘴（中间也可垫一层纱布或薄布）大口吹气，如图 1-1-7 所示。观察触电者胸部的隆起程度，一般应以胸部略有起伏为宜。胸部起伏过大，说明吹气太多，容易吹破肺泡。胸部无起伏或起伏太小，则说明吹气不足，应适当加大吹气量。

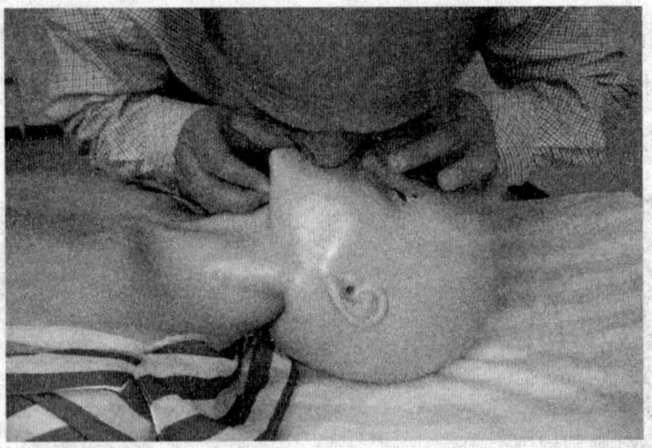

图 1-1-7

④吹气至救护者换气时，应迅速离开触电者的嘴，同时放开捏紧的鼻孔，使其自动向外呼气，如图 1-1-8。注意观察触电者胸部的复原情况，倾听口鼻处有无呼气声，从而检查呼吸道是否阻塞。

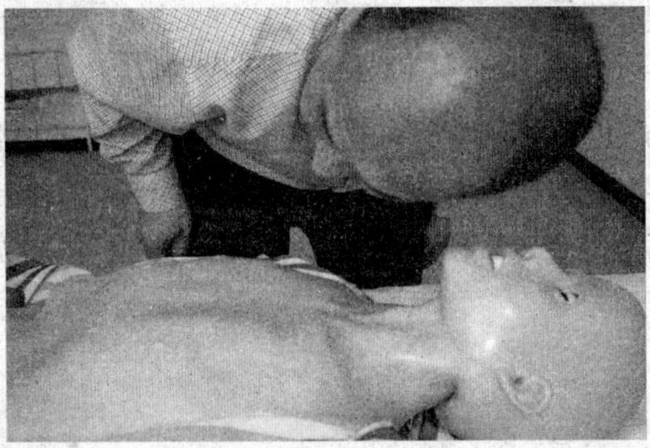

图 1-1-8

如此重复进行，每分钟约12次。如果触电者张口有困难，可用口对准其鼻孔吹气，即口对鼻人工呼吸法，效果与口对口人工呼吸法类似。抢救过程不可间断，直至触电者苏醒为止。

(2)胸外心脏按压法。对有呼吸而心脏停跳(或心跳不规律)的触电者，应采用“胸外心脏按压法”进行抢救。采用胸外心脏按压法应使触电者身直仰卧，后背着地处需结实(如硬地、木板等)，急救者跪跨在触电者臀部位置，右手掌按图1-1-9(a)所示位置放在触电者的胸部，中指指尖置于其颈部凹陷边缘，掌根所在的位置即为正确按压区，然后将左手掌压在右手掌上，如图1-1-9(b)所示，自上而下均衡地用力按压胸骨下端，使其下陷3～4 cm，如图1-1-9(c)(箭头方向)所示。然后突然放松按压，要注意手掌不能离开胸壁，使其依靠胸部的弹性自动恢复原状，使心脏自然扩张，如图1-1-9(d)所示。按照上述步骤连续地进行操作，每分钟约60次(对儿童稍快)。按压时定位必须准确，压力要适当，连续进行直到触电者苏醒为止。

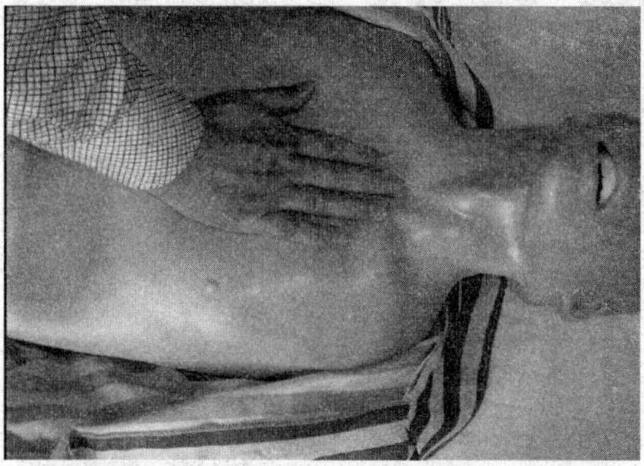

图1-1-9(a)

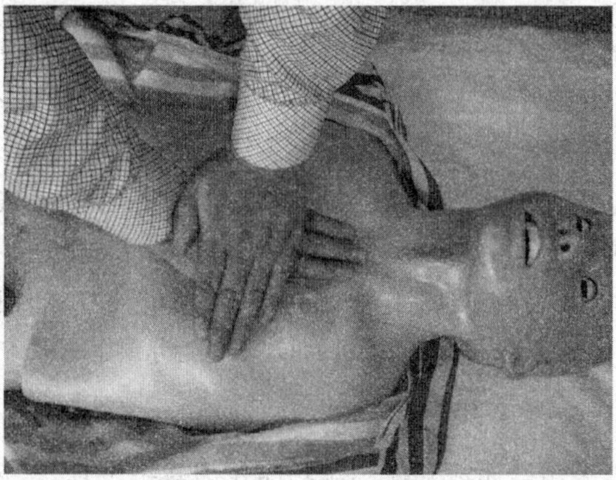

图1-1-9(b)

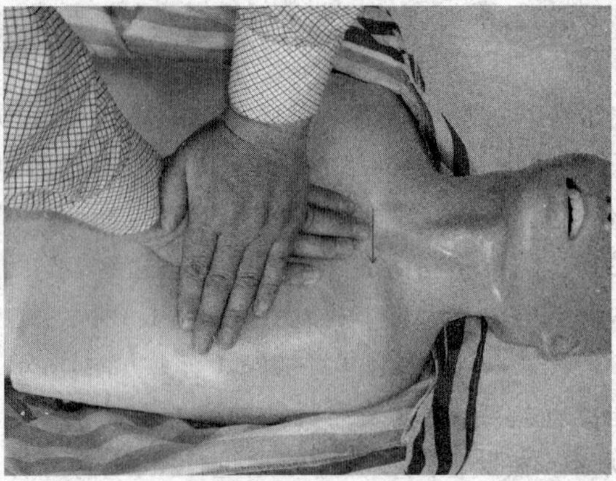

图 1-1-9(c)

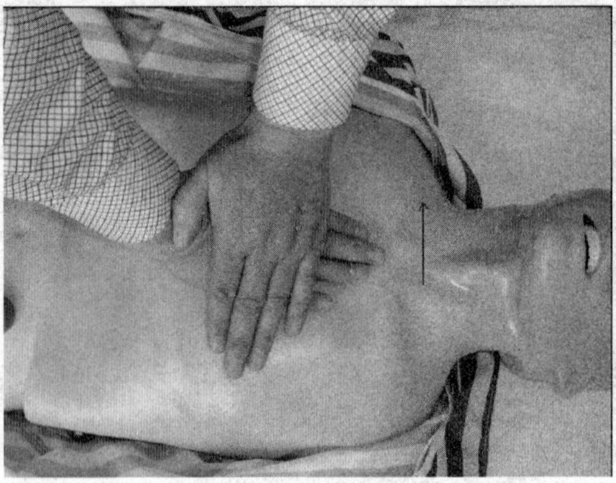

图 1-1-9(d)

三、急救方法小结

急救时需视具体情况而采用恰当的方法。如对呼吸及心跳均已停止的触电者，应同时采用“口对口人工呼吸法”和“胸外心脏按压法”进行抢救；对没有失去知觉、神志清醒但有心慌、四肢发麻等不适的触电者，要使他保持冷静，解除恐惧，安静休息，避免走动而加重心脏负担，并及时请医生检查诊治；有些失去知觉的触电者，在苏醒后会出现突然奔跑的现象，这样可能会造成严重后果，救护者必须注意。

总之，救护者要有耐心，抢救工作必须持续进行，即使在送往医院的途中也不应停止，因为有些触电者需要经过较长时间的抢救方能苏醒。

四、注意事项

1. 救护人员不得采用金属或其他潮湿物品作为救护工具。

2. 未采取绝缘措施前，救护人员不得直接触及触电者的皮肤和潮湿的衣服。

3. 在拉触电者脱离电源的过程中，救护人员宜用单手操作，这样比较安全。

4. 当触电者位于较高位置时,应采取措施预防触电者在脱离电源后坠地死亡。

5. 夜间发生触电事故时,应考虑切断电源后的临时照明问题,以利救护。

实训 触电急救

一、实训目的

1. 熟悉触电急救的方法。
2. 能进行简单的触电急救操作。

二、实训所需器材

触电模拟人一个及配套设备。

三、实训内容

1. 判断触电者受电流伤害的程度。
2. 为实施抢救做好准备。
3. 采用“口对口人工呼吸法”和“胸外心脏按压法”抢救。

四、实训步骤及要点

以下步骤都在触电模拟人上进行。

1. 判断触电者的意识,用手指掐压触电者人中穴。
2. 放好体位,大声呼救。
3. 畅通气道,用看、听、试等方法判断有无呼吸。
4. 如无呼吸,采用“口对口人工呼吸法”抢救。
5. 判断脉搏,如无脉搏,在胸外按压位置叩击1~2次,再次判断有无脉搏。
6. 如仍无脉搏,采用胸外心脏按压法,按压15次,再吹气2次。
7. 以后反复连续进行,直到触电者苏醒为止。

五、注意事项

1. 在抢救过程中,要每隔数分钟判断一次是否复苏,每次判断时间不超过7 s。在医务人员未接替抢救前,急救人员不得放弃抢救,更不能只凭无呼吸无心跳就判定触电者死亡,放弃抢救。只有医生才有权做出伤员死亡的诊断。

2. 禁止采取冷水浇淋、猛烈摇晃、大声呼喊或架着触电者跑步等“土”办法。因为人体触电后,心脏会发生颤动,血流混乱,在这种情况下用上述办法会刺激心脏,使伤员因急性心力衰竭而死亡。

3. 在做人工呼吸法之前气道要畅通,在做胸外心脏按压法时手的位置要准确,用力要适当。

六、练习

将学生分成两人一组,进行人工呼吸法和胸外心脏按压法的急救练习。

任务检测与评估

检测项目		评分标准	分值	学生自评	教师评估
任务知识内容	触电急救步骤与方法	1. 不知道触电急救知识扣10分 2. 不知道在什么情况下采用什么方法救治扣10分	20		
任务操作技能	判断触电者触电情况	1. 不会判断是否有脉搏扣10分 2. 不会判断瞳孔是否放大扣10分	20		
	口对口人工呼吸法	1. 没有畅通气道就吹气扣10分 2. 吹气用力过大或过小每次扣3分	30		
	胸外心脏按压法	1. 手的放置位置不准确扣10分 2. 按压用力过大或过小每次扣2分 3. 不能救醒触电者扣30分	30		
	安全文明生产	违反安全文明生产操作规程的从总分中扣5～10分			
	定额时间0.5 h	每超时10 min扣5分			

任务二　触电的防护技术

知识一　常用安全用电防护措施

一、相线必须进开关

相线进开关后，当开关处于分断状态时，用电设备就不带电，不但利于维修而且可以减小触电的可能性。另外，相线进开关还可减少不必要的烦恼。比如有的3 W荧光灯，在关灯后仍会隐隐发光，就是相线未进开关引起的，此时应将其电路改成相线进开关。

二、合理选择照明电压

一般工厂和家庭的照明灯具多采用悬挂式，人体接触机会较少，可选用220 V电压供电；工人接触机会较多的机床照明灯则应选36 V供电，绝不允许采用220 V电压供机床照明；在潮湿、有导电灰尘、有腐蚀性气体的情况下，则应选用24 V、12 V甚至是6 V电压来供照明灯具使用。

三、合理选择导线和熔丝

导线通过电流时，不允许过热，所以导线的额定电流应比实际输电的电流大些。而熔丝是起保护作用的，要求电路发生短路时能迅速熔断，所以不能选额定电流很大的熔丝来保护小电流电路。导线和熔丝的额定电流值可通过查手册获得。

四、电气设备要有一定的绝缘电阻

电气设备的金属外壳和导电线圈间必须有一定的绝缘电阻，否则当人体触及正在工作的电气设备（如电动机、电风扇等）的金属外壳时就会触电。通常要求固定电气设备的绝缘电阻不低于500 kΩ；可移动的电气设备，如手枪式电钻、冲击钻、台式电扇、洗衣机等的绝缘电阻还应高一些。一般电气设备在出厂前，都已测量过它们的绝缘电阻，以确保使用者的安全。但是在使用电气设备的过程中，还应注意保护绝缘材料，预防绝缘材料受伤和老化。

五、正确安装电气设备

电气设备要根据安装说明进行安装，不可马虎从事。带电部分应有防护罩，必要时应用连锁装置以防触电。

六、采用各种保护用具

保护用具是保证工作人员安全操作的工具，主要有绝缘手套、鞋，绝缘钳、棒、垫等。家庭中干燥的木质桌凳、玻璃、橡皮等也可充作保护用具。如图1-2-1所示。

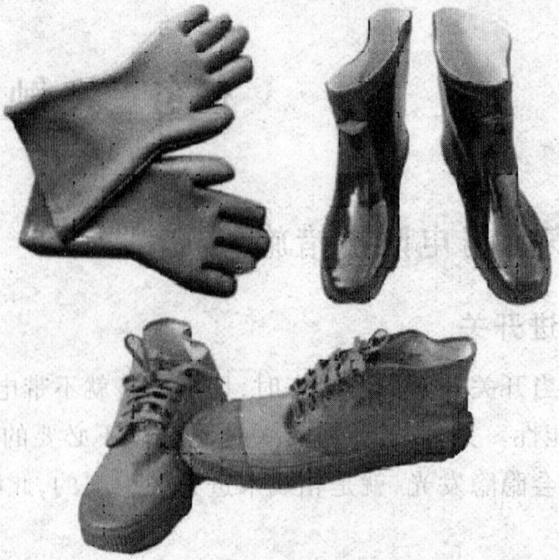

图 1-2-1

总之，为了防止触电事故发生，应采用安全电压和防爆电器，推广使用漏电保护开关；设立屏护，悬挂标示牌，合理使用各种安全用具、工具和仪表，经常检查用电设备，定期进行耐压试验；电气设备的金属外壳，要采取保护接地或保护接零；合理选择导线，导线通过电流时，不允许过热，选用导线的额定电流应比实际输电电流大；为了防止触电事故发生，还要普及安全生产用电知识。

知识二 触电的防护技术

当电气设备因绝缘损坏而发生漏电或击穿时，平时不带电的金属外壳及与之相连的其他金属部分便带有电压。人体触及这些意外带电部分时，就可能发生触电事故。减少或避免这类触电事故发生的技术措施有保护接地、保护接零、安装漏电保护器等。

一、保护接地

当人体触及因绝缘老化或损坏的电气设备或电器装置时将遭受触电危险，故一般将电气设备或电器装置的金属外壳通过接地装置与大地可靠地连接起来，这就叫作保护接地。

接地是用来防止间接接触触电的一种重要安全措施。当电气设备发生漏电或电器的金属外壳带电时，能让绝大部分电流通过接地体流入地下。

保护接地主要应用于低压不接地电网和高压不接地电网（即三相三线制电网）及部分低压中性点直接接地电网（三相四线制公用配电系统），如图 1-2-2 所示。

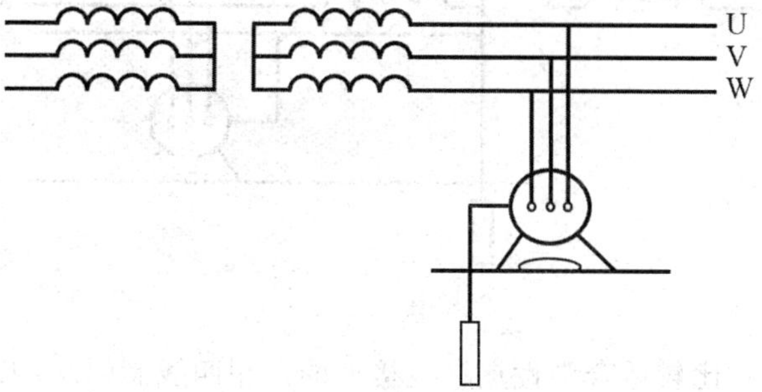

图 1-2-2

【注意】

1. 在同一供电线路上，不允许一部分电气设备保护接地，另一部分电气设备保护接零。如图 1-2-3 所示，当接地设备绝缘部分损坏致使外壳带电时，若有人同时触到接地设备外壳和接零设备的外壳，人体将承受相电压，这是非常危险的。

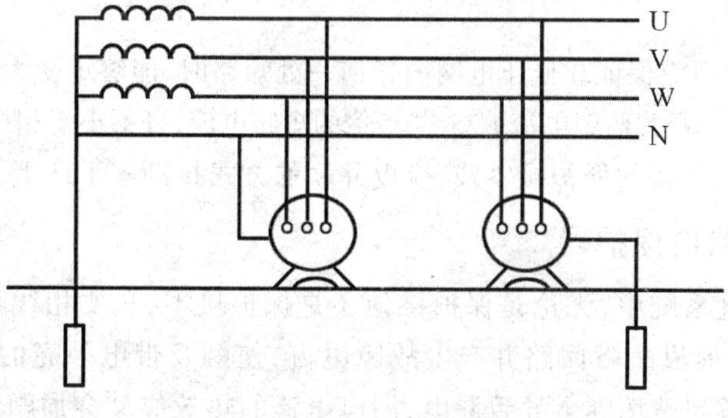

图 1-2-3

2. 确保接地可靠。

3. 接地电阻应小于 4 Ω。

二、保护接零

所谓保护接零，就是在电源中性点直接接地的三相四线制（380 / 220 V）低压电网中，把电气设备在正常情况下不带电的金属外壳与电网的零线可靠地连接起来。它的作用是当电气设备发生碰壳短路时，因电气设备外壳直接接到系统的零线上，这样短路电流经零线而成闭合回路，这种碰壳短路就变成单相短路，使保护装置能可靠地迅速切断电源，从而起到保护作用。如图 1-2-4 所示为工作接地和保护接零示意图。

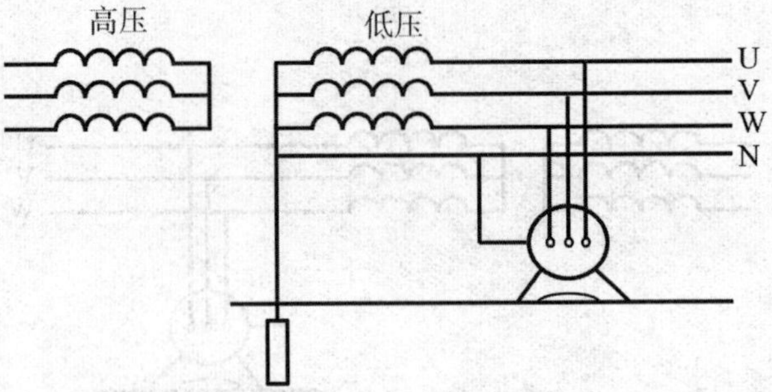

图 1-2-4

保护接零方式比较适合中性点直接接地的三相四线制(TN－C)低压配电系统和三相五线制(TN－S)低压配电系统。

【注意】

1. 在采用保护接零方式的同时,还应装设足够的重复接地装置。

2. 同一低压电网中(指同一台配电变压器的供电范围内)在选用保护接零方式后,便不允许再对其中任一设备采用保护接地方式。

3. 零线上不准装设开关和熔断器。零线的敷设应与相线一样,以免出现零线断线故障。

4. 零线的截面应保证在低压电网内任何一处短路时,能够承受大于熔断器额定电流2.5～4倍及自动开关额定电流1.25～2.5倍的短路电流,且不小于相线载流量的一半。

5. 所有电气设备的保护接零钱,应以并联的方式接到零干线上。

三、安装漏电保护器

在低压配电系统中,无论是保护接地还是保护接零,只要相线与电气设备金属外壳接触,就会形成故障回路并产生故障电流,使触及带电外壳的人有生命危险。若线路的绝缘遭到破坏则会导致漏电,漏电电流的热效应又会加剧线路绝缘的进一步老化,如此恶性循环的必然后果是酿成电气火灾。因此,为保护人类生命财产安全,必须推广运用比保护接地、保护接零更加完善的附加性安全措施,即装设漏电保护器。常见的漏电保护器外形如图1-2-5和图1-2-6所示。

图 1-2-5

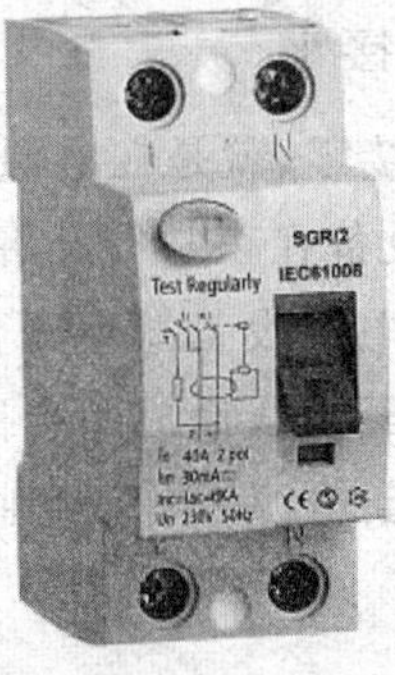

图 1-2-6

漏电保护器多用于1 kV以下的低压配电系统，是防止由于间接接触或直接接触引起的单相触电事故、防止由于漏电引起的电气火灾、监测或切除各种一相接地故障、防止电气设备损坏的一种技术措施。

1. 组成

漏电保护器主要包括检测元件(零序电流互感器)、中间环节(包括放大器、比较器、脱扣器等)、执行元件(主开关)以及试验元件等几个部分。

2. 原理

漏电保护装置是一种新型用电安全措施。当设备漏电时，出现两种异常现象：一是金属外壳带电；一是三相电流的平衡遭到破坏。漏电保护装置就是通过检测机构取得这两种异常信号，经过中间机构的转换传递，使执行机构动作，通过开关设备立即切断电源起到保护作用。

3. 分类

按取样信号的种类，漏电保护器可分为电压型和电流型两大类，目前世界各国广泛采用电流型漏电保护器。按有无中间机构，漏电保护器可分为直接传动型和间接传动型两大类。按执行机构，漏电保护器可分为机械脱扣和电磁脱扣两大类。按极数和线数，漏电保护器可分为单极二线、二极二线、三极三线、三极四线、四极四线等多种形式。

4. 主要技术参数

(1)脱扣器额定电流I_n。在规定的条件下，漏电保护器正常工作所允许长期通过的最大电流值。

(2)额定漏电动作电流$I_{\Delta n}$。制造厂规定的漏电保护器必须动作的漏电动作电流值。

(3)额定漏电不动作电流$I_{\Delta n_0}$。制造厂规定的漏电保护器必须不动作的漏电不动作电流值。

(4)分断时间$t_{\Delta n}$。保护器检测元件从施加漏电动作电流起，到被保护电路切断为止的时间。

(5)短路通断能力I_m。在规定条件下，漏电保护器所能接通和分断的预期短路电流值。

(6)额定漏电通断能力$I_{\Delta m}$。在规定条件下，漏电保护器能接通和分断的预期接地短路电流值。

5. 漏电保护器的选用

(1)按保护目的选用

①以防止人身触电为目的且安装在线路末端，选用高灵敏度、快速型漏电保护器。

②以防止触电为目的的与设备接地并用的分支线路，选用中灵敏度、快速型漏

电保护器。

③以防止由漏电引起的火灾和保护线路、设备为目的的干线，应选用中灵敏度、延时型漏电保护器。

④有爆炸危险的场所，应选用防爆型漏电保护器；潮湿、水汽较大的场所，应选用防水型漏电保护器；粉尘浓度较高的场所，应选用防尘型或密闭型漏电保护器。

(2)按供电方式选用

①保护单相线路（设备）时，选用单极二线或二极二线式漏电保护器。

②保护三相线路（设备）时，选用三极式漏电保护装置。

③既有三相又有单相时，选用三极四线式或四极四线式漏电保护装置。

(3)按额定电压选用

选用漏电保护器时，安装地点的电源额定电压和频率，应与漏电保护器的铭牌标示相符，否则会因电压过高而引起装置的误动作甚至烧毁装置，或因电压过低而造成装置拒动。

(4)按负载性质选用

常见的用电负载，一般可分为电热性负载、电动类动力性负载和照明类负载。漏电保护器的额定电流和额定短路通断能力应分别满足线路工作电流和短路分断能力的要求。

6. 漏电保护器的安装

漏电保护器的安装应按照产品说明书的要求，充分考虑供电线路、供电方式、供电电压及系统接地形式。

(1)漏电保护器安装时必须严格区分中性线和保护线（设备外壳接地线）。漏电保护器的中性线应接入漏电保护回路；接零保护线应接入漏电保护器的中性线电源侧，不得接至负载侧；经过漏电保护器后的中性线不得接设备外露部分；保护线（设备外壳接地线）应单独接地。

(2)漏电保护器负载侧的中性线不得与其他回路共用。

(3)漏电保护器标有负载侧和电源侧时，应严格按其规定使用。

(4)安装漏电保护器后，不得撤掉低压供电线路和电气设备的接地保护措施。

(5)漏电保护器安装完毕后，应操作试验按钮，检验其工作性能，确认正常工作后，才能投入使用。

(6)漏电保护器的安装必须由国家法定机构培训合格的专业电工进行。

漏电保护器的日常使用中，应每月检查一次试验按钮，看漏电保护器动作是否正常。日常使用中，漏电保护动作后，应进行检查，未发现事故原因时，允许试送电一次，如再次动作，必须查明原因找出故障，严禁强行连续送电。有故障的漏电保护器要及时更换，漏电保护器的使用管理、维护保养，应由专业电工进行，非专业人员不得乱动。除经检查确认漏电保护器本身发生故障外，严禁拆除强行送电。

知识三 防电火灾 防爆 防雷

一、防电火灾

1. 电火灾的概念

电火灾是电气设备因故障(如短路、过载等)过热或电火花(工作火花如电焊火花飞溅和故障火花如拉闸火花、接头松脱火花、熔丝熔断等)而引发的火灾。

2. 预防方法

在线路设计上应充分考虑负载容量及合理的过载能力;在用电上应禁止超载及"乱接乱搭电源线";防止短路故障,用电设备有故障应停用并尽快检修;某些电气设备应在有人监护下使用,"人离去则停用(电)"。易引起火灾的场所(分为三级:H—1级——有可燃挥发性液体,H—2级——有悬浮粉尘或纤维,H—3级——有固体可燃物),应注意加强防火,配置防火器材,使用防爆电器。

3. 电火灾的灭火措施

一旦发生电火灾,要冷静处置,切断电源(用木柄消防斧切断电源进线),同时打"119"电话报警。灭电火只能用"干粉"灭火机、CO_2灭火机、CCl_4灭火机等灭火器材。在未确定火灾现场已全部切断电源线之前,禁止使用泡沫灭火机和水灭火。

二、防爆

1. 与用电相关的爆炸

常见的有可燃气体、蒸汽、粉尘与助燃气体混合后遇电源而发生的爆炸。

2. 防爆措施

合理选用防爆电气设备和敷设电气线路;保持场所良好通风;保持电气设备的正常运行,防止短路、过载;安装自动断电保护装置;使用便携式电气设备时应特别注意安全;把危险性大的设备安装在危险区域外;防爆场所一定要选用防爆电机等防爆设备;线路接头采用熔焊或钎焊等。

三、防雷

1. 雷电的危害

雷电是一种自然现象。雷击时的强电流、高电压和高温使雷击具有很大的破坏力和多方面的破坏作用,给电力系统和人类造成严重的灾害。防雷措施的基本思想是疏导,即构成通路将雷电流导引入地,从而避免雷击的破坏作用。

2. 防雷设备

常用的防雷装置有避雷针、避雷线、避雷网、避雷带和避雷器等。

装设避雷针是防止直击雷的有效办法。避雷针应装设在保护对象的最凸出部位,根据保护范围的需要装设单支、双支或多支。

3. 防雷常识

(1)为了避免避雷针上雷电的高电压通过接地体传到输电线路而引入室内，避雷针接地体与输电线路接地体在地下应相距至少10 m。

(2)为防止感应雷和雷电侵入波沿架空线进入室内，应将进户线最后一根支撑物上的绝缘与铁脚可靠接地，在进户线最后一根电杆上的中性线应加重复接地。

(3)雷雨时在野外不要穿湿衣服；雨伞不要举得过高，特别是有金属桶的雨伞；当有几个人在一起时，要相距几米远以分散避雷，不得手拉手聚在一起。

(4)躲避雷雨，应选择有屏蔽作用的建筑或物体，如金属箱体、汽车、电车、混凝土房屋等。不能站在孤立的大树、电线杆、烟囱或高墙下，不要乘坐敞篷车或骑自行车，因为这些物体容易受直击雷轰击。

(5)雷雨时不要停留在易受雷击的地方，如山顶、湖泊、河边、沼泽地、游泳池等；在野外遇到雷雨时，应蹲在低洼处或躲在避雷针保护范围内。

(6)雷雨时，在室内应关好门窗，以防球形雷飘人。不要站在窗前或阳台上，也不要停留在有烟囱的灶前。应离开电力线、电话线、水管、煤气管、暖气管、天线馈线1.5 m以外。不要洗澡、洗头，应离开厨房、浴室等潮湿的场所。

(7)雷雨时，不要使用家用电器，应将家用电器的电源插头拔下，以免雷电沿电源线侵入电器内部损伤绝缘，击毁电器，甚至使人触电。

(8)对未装避雷装置的天线，应抛出户外或与地线短接。

(9)如果有人遭到雷击，切不可惊慌失措，应冷静而迅速地处理。受雷击者即使不省人事，心跳、呼吸都已停止，也不一定死亡，应及时地进行人工呼吸和胸外心脏按压，并尽快送往医院救治。

实训 漏电保护装置的安装

一、实训目的

1. 会选用漏电保护器。

2. 会安装漏电保护装置。

二、实训所需器材

1. 工具：常用电工工具。

2. 仪表：绝缘电阻表和万用表。

3. 器材：三极四线式漏电保护器一只，三相电能表一个，三极四线电源一个，RC1－15A型瓷插式熔断器三只，接触器一个，三相交流电动机一个，胶木配电板一块，单联平开关一只，平灯座一只，螺口灯头一只，单相插座一个，1号钢精扎头一包，小铁钉和小螺钉各一包，导线若干，二芯塑料护套线和三芯塑料护套线若干。

三、实训内容

1. 安装熔断器、电能表、漏电保护器。

2. 安装照明电路部分。

3. 安装电动机部分。

四、实训步骤及要点

1. 按照如图1-2-7(a)所示，在木制配电板上设置位置，并把各器件固定在配电板上。

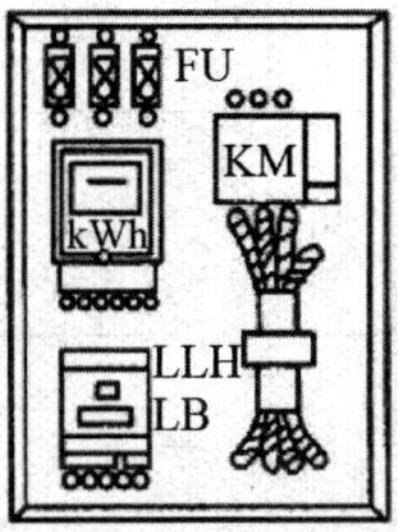

(a)安装位置图

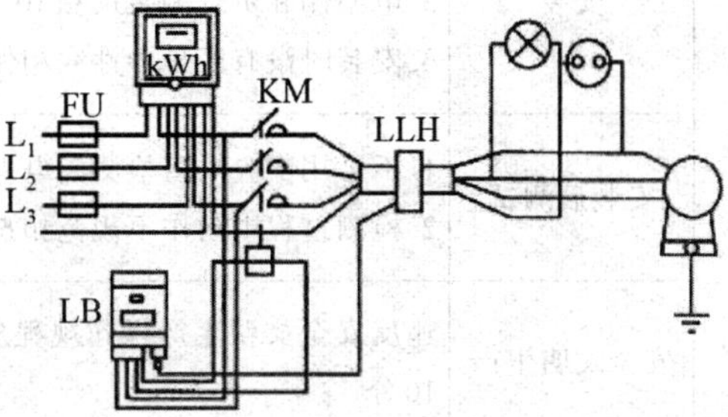

(b)接线图

图1-2-7

2. 按如图1-2-7(b)所示连接熔断器、电能表、漏电保护器。

3. 按如图1-2-7(b)所示连接照明部分电路。

4. 按如图1-2-7(b)所示连接动力部分电路。

5. 检查无误后，通电运行。

6. 用实验电阻逐相进行一次接地试验，观察保护器动作是否正确。

五、注意事项

1. 漏电保护器的极数必须与被保护电路的线数相适应。保护器的极数是指内部开关触头能断开导线的根数，如三极保护器，是指开关触头可以断开三根导线；而单极二线、二极三线、三极四线的保护器，均有一根直接穿过漏电检测元件而不断开的中性线。在保护器外壳接线端子标有"N"字母符号，表示连接工作零线，此端子严禁与PE线连接。

2. 不宜将三极漏电保护器用于单相二线(或单相三线)的用电设备，也不宜将四极漏电保护器用于三相三线的用电设备，更不允许用三相三极漏电保护器代替三相四极漏电保护器。

3. 相邻分支电路的保护零线不得相连。

4. 安装漏电保护器的设备和不安装漏电保护器的设备不得共用一组接地装置。

任务检测与评估

<table>
<tr><th colspan="2">检测项目</th><th colspan="2">评分标准</th><th>分值</th><th>学生自评</th><th>教师评估</th></tr>
<tr><td>任务知识内容</td><td>漏电保护器的选用</td><td colspan="2">1. 不知道如何选用漏电保护器扣10分
2. 不知道如何安装漏电保护器扣10分</td><td>20</td><td></td><td></td></tr>
<tr><td rowspan="5">任务操作技能</td><td>漏电保护器的安装</td><td colspan="2">1. 不知道漏电保护器的安装位置扣10分
2. 漏电保护器安装不垂直、不牢固扣10分
3. 电源侧和负载侧装反扣10分
4. 安装时没有区分中性线和保护线扣10分</td><td>50</td><td></td><td></td></tr>
<tr><td>安装后测试</td><td colspan="2">1. 不会用实验电阻检测漏电保护器扣20分
2. 检测过程中动作不规范扣5～10分</td><td>30</td><td></td><td></td></tr>
<tr><td>安全文明生产</td><td colspan="2">违反安全文明生产操作规程从总分中扣5～10分</td><td></td><td></td><td></td></tr>
<tr><td>定额时间2 h</td><td colspan="2">每超10 min扣5分</td><td></td><td></td><td></td></tr>
<tr><td>备注</td><td colspan="2">除定额时间外，各项目的最高扣分不超过配分</td><td></td><td></td><td></td></tr>
<tr><td>开始时间</td><td></td><td>结束时间</td><td></td><td>实际用时</td><td colspan="2"></td></tr>
</table>

练习题一

一、判断题（下列判断题中正确的请在括号内打“√”，错误的请在括号内打“×”）

1. 对触电者进行抢救时，现场严禁注射强心针。 （ ）
2. 对违反电工安全操作规程的指挥应坚决抵制。 （ ）
3. 救电气火灾时不可以用泡沫灭火器。 （ ）
4. 电气安全操作规程中的具体规定，实践中可以灵活运用。 （ ）
5. 对触电者进行人工呼吸时，应在其头部垫上枕头，以便于救护。 （ ）
6. 接地电网的单相触电比不接地电网的危险大。 （ ）
7. 漏电保护器负载侧的中性线可以与其他回路共用。 （ ）
8. 安装漏电保护器后，不得撤掉低压供电线路和电气设备的接地保护措施。

( )

9. 对于防止人身触电的漏电保护装置，只选用高灵敏度、快速型的漏电保护器。 ( )

10. 相邻分支电路的保护零线必须相连。 ( )

11. 漏电保护器的极数必须与被保护线路的线数相适应。 ( )

12. 工作接地是指为运行的需要而将电力系统中的某一点接地。 ( )

13. 在 380 V / 220 V 中性点不接地电网中，保护接地是很有效的保护技术措施。 ( )

14. 禁止在保护接地线上安装熔断器。 ( )

15. 保护接零可以避免触及设备外壳的人体承受电压。 ( )

16. 禁止在保护零线上安装熔断器或单独的断流开关。 ( )

17. 有雷电时，禁止进行倒闸操作或更换熔丝。 ( )

18. 塑料管配线适用于有酸碱腐蚀性及潮湿的环境。 ( )

19. 多芯导线中规定用黄绿相间的线作保护零线。 ( )

20. 零线一般取截面比相线截面小的导线。 ( )

二、单项选择题（下列每题中有多个选项，其中只有1个是正确的，请将正确答案的选项填在横线空白处）

1. 凡接到任何违反电气安全规程的命令时应_____。

A. 考虑执行 B. 部分执行 C. 拒绝执行 D. 坚决执行

2. 机床上低压照明灯的电压应为_____。

A. 220 V B. 36 V C. 12 V D. 380 V

3. 胸外心脏按压法每分钟的按压次数为_____。

A. 12次 B. 60次 C. 120次 D. 30次

4. 三相四线中性点接地电网中，设备的外壳应采用_____。

A. 接零保护 B. 接地保护 C. 短路保护 D. 不采用保护

5. 在停电的设备上装设接地线，应先进行_____。

A. 验电 B. 放电 C. 接地 D. 短路

6. 按接地目的的不同，接地可分为_____种。

A. 1 B. 2 C. 3 D. 4

7. 电压互感器的二次绕组有一点接地，此接地应称为_____。

A. 重复接地 B. 工作接地 C. 保护接地 D. 防雷接地

8. 保护接地的主要作用是_____和减小流经人体的电流。

A. 防止人体触电 B. 减小接地电流 C. 降低接地电压 D. 短路保护

9. Ⅲ类手持式电动工具的绝缘电阻不得低于_____MΩ。

A. 0.5 B. 1 C. 2 D. 7

10. 中性点不接地的380 / 220 V系统的接地电阻值不应超过_____Ω。

A. 0.5　B. 4　C. 10　D. 30

11. 接地体多采用_____制成,其截面应满足热稳定和机械强度的要求。

A. 任一种金属材料　B. 铜铝材料

C. 型钢　D. 绝缘导线

12. 保护接零的有效性是当设备发生故障时_____使保护装置动作。

A. 过载电压　B. 额定电压　C. 短路电流　D. 接地电流

13. 保护接零适用于_____系统。

A. IT　B. TT　C. TN　D. IT-TT

14. 有保护接零要求的单相移动式用电设备,应使用三孔插座供电,正确的接线位置是_____。

A. 大孔接地,右下小孔接相线,左下小孔接工作零线

B. 大孔接保护零钱,右下小孔接工作零线,左下小孔接相线

C. 大孔接保护零线,右下小孔接相线,左下小孔接工作零线

D. 大孔和左下小孔接工作零线,右下小孔接相线

15. 所有电气设备的保护线或保护零线,均应按_____方式接在零干线上。

A. 并联　B. 串联　C. 混联　D. 任意连接

16. 如果线路上有人工作,停电作业时应在线路开关和刀闸操作手柄上悬挂_____的标志牌。

A. 止步,高压危险　B. 禁止合闸,有人工作

C. 在此工作　D. 禁止合闸,线路有人工作

17. 停电操作应在断路器断开后进行,其顺序为_____。

A. 先拉线路侧刀闸,后拉母线侧刀闸

B. 先拉母线侧刀闸,后拉线路侧刀闸

C. 先拉哪一侧刀闸不要求

D. 视情况而定

18. 室外配线跨越通车通道时,不应低于_____m。

A. 2　B. 3.5　C. 6　D. 6.5

19. 穿管配线的安全技术要求是:明配于潮湿场所和埋于地下的钢管,均应使用壁厚不小于_____mm的厚壁管。

A. 1　B. 1. 5　C. 2　D. 2. 5

20. 室外安装的变压器的周围应装设高度不低于_____m的栅栏。

A. 1　B. 1.2　C. 1.5　D. 1.7

项目二

常用电工仪表的使用

知识目标

1.认识常用电工仪表的主要结构与工作原理；

2.掌握常用电工仪表的使用方法。

技能目标

1.能正确地选用常用电工仪表；

2.能正确地使用常用的电工仪表测量各种参数；

3.能正确地维护常用电工仪表。

任务一 万用表的使用与维护

万用表，又称多用表、三用表或复用表，是一种多功能、多量程的测量仪表。它可以测量直流电流、直流电压、交流电压、直流电阻、音频电平、电容、电感、晶体管直流参数等，应用范围非常广泛。

知识一 指针式万用表的使用方法

以MF47型万用表为例，其外形如图2-1-1所示。

一、万用表面板的构成及功能介绍

万用表面板主要由转换开关、欧姆零点调整旋钮、测试笔插孔、标度盘、机械调零旋钮、三极管插孔等构成。

1. 面板上部分文字的含义

(1)面板上"-"符号表示直流，"～"符号表示交流。

(2)"20 kΩ / -V"表示直流电压的灵敏度及电压降，"2.5～5.0 Ω"表示精度，"4 kΩ / ～V"表示交流电压的灵敏度及电压降。

(3)面板上有四个插孔，左边"＋"表示表的正端插红表笔，测量时接被测电路的高电位点；" $\overline{\text{COM}}$ "表示表的负端插黑表笔，测量时接被测电路的低电位点。在测

电阻时，黑表笔接万用表内部电池的正极。右边“2500 V̲”，“5 A”分别表示测量交／直流电压2500 V或直流电流5A时，红表笔则应分别插到标有2500 V̲或5 A的插孔中。

2. 主要部件及功能

(1)转换开关。通过改变转换开关的位置，就可实现一定的测量功能。测量功能由转换开关所指文字符号表示。

(2)标度盘。标度盘共有六条刻度线：第一条刻度线供测电阻用；第二条刻度线供测交/直流电压和电流用；第三条刻度线供测晶体管放大倍数用；第四条刻度线供测电容用；第五条刻度线供测电感用；第六条刻度线供测量音频电平用。

(3)量程与倍率。量程，是指指针指向满刻度线时的测量值。如测电压时量程选500，若指针指在第二条刻度线200时的测量值为400 V，若指针指在第二条刻度线110时的测量值为220 V。倍率，是指测电阻时，测量值与读数的比值。如倍率选择×100，若指针在第一条刻度线的15时，则测量值为15 × 100 Ω。

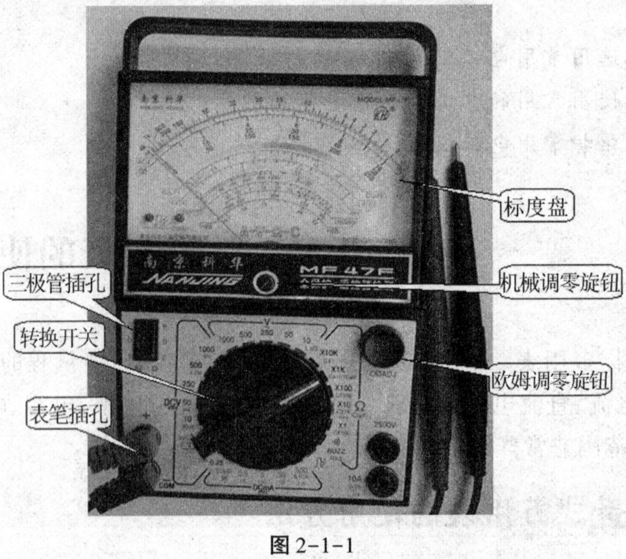

图2-1-1

二、使用方法

在使用前应检查指针是否指在机械零位上，若不在机械零位上，应旋转面板上的机械调零旋钮使指针指在机械零位上。

1. 直流电流的测量

(1)选择量程。测量0.05～500 mA电流时，转动转换开关至所需电流挡；测量5 A电流时，转换开关放在500 mA直流量程上，红插头插到5 A的插孔中。

(2)将测试表笔串接于被测电路中。红表笔接电流流进端，黑表笔接电流流出端。严禁将万用表直接接到电源的两端。

2. 交／直流电压的测量

(1)选择量程。测量交流10～1000 V电压或直流0.25～1000 V电压时，转动转换开关至所需电压挡;测量交/直流 2500 V 电压时,红表笔应插在 2500 V 的插孔中,转换开关应分别旋至交流 1000 V 或直流 1000 V 位置上。

(2)将测试表笔并接于被测电路两端。红表笔接高电位,黑表笔接低电位。

3. 电阻的测量

(1)检测元器件电阻时首先要切断电源,并要与其他电路断开。

(2)正确选择欧姆挡和倍率。

(3)进行欧姆调零,将两表笔直接连接形成短路,此时万用表的指针应指向零。若指针未指向零,应旋动"Ω"旋钮,使指针指向零,然后再测量电阻。

(4)读数,换算。

三、使用注意事项

1. 万用表转换开关位置选择必须正确,若误用电阻挡或电流挡测电压,会造成万用表损坏。

2. 测量过程中,不准转动转换开关,以免因形成电弧而损坏表头。

3. 在测量电压或电流时,若被测线路上电压或电流的大小难以估计出来,应先把万用表的量程拨到最大位置测量,然后逐渐换小挡位。换挡时,要使两表笔离开测量体,不可带电换量程。

4. 测量直流电压或直流电流时,若电源的极性不清楚,可以把转换开关转到最大位置,然后将两表笔与测试点快速地搭一下。若指针正转,则说明两表笔的位置正确;若指针反转,则说明两表笔位置接反。

5. 严禁在被测电路带电情况下测量电阻。如被测电路中有大容量电容,应先将该电容器正负极短接放电。

6. 选择量程时,应尽量使指针指向均匀刻度线的2/3以上区域或非均匀刻度线的中间区域,得到的测量值才相对比较准确。

7. 测电阻时不允许用手同时触及被测电阻两端,在测量的间隙,应注意不要使两支表笔相接触。每换一次倍率挡时都应重新调整零点。

8. 每次测量完毕后,应将万用表的转换开关拨到交流电压最高挡的位置。

9. 应保持万用表清洁和干燥,防止振动和较大的冲击,以免影响准确度或损坏仪表。

10. 测量时,要根据选好的测量项目和量程挡明确在哪一条标度尺上读数,并应清楚标度尺上一个小格代表多大的数值。读数时,眼睛应位于指针正上方。

知识二 数字万用表的使用方法

以92系列数字万用表为例,某外形如图2-1-2所示。

首先要注意检查9 V电池的电量情况。将ON/OFF按钮按下,如果电池电量不足,则显示屏左上方会出现电池符号。还要注意测试表笔插孔旁的符号,注意测试电压、电流不能超出指示数值。此外，在使用前要先将转换开关置于合适的挡位上。

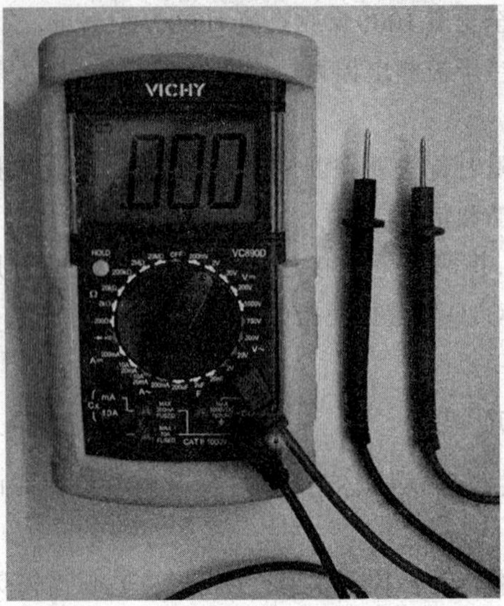

图 2-1-2

一、电压的测量

1. 将黑笔表插入“COM”插孔，红表笔插入“V / Ω”插孔。

2. 测 DCV（直流电压）时，将转换开关置于 DCV 量程范围。测 ACV（交流电压）时，将转换开关置于 ACV 量程范围。

3. 将测试表笔并接到被测负载或信号源上。

4. 在显示电压表读数时，同时会指示出红表笔的极性。

【注意】

（1）如果不知道被测电压的范围，则首先应将转换开关置于最大量程档，然后视情况降至合适量程。

（2）如果显示“1”，表示过量程，转换开关应置于更高量程。

（3）测 DCV 时不要输入高于 1000 V 的电压，测 ACV 时不要输入有效值高于 750 V 的电压。

二、电流的测量

1. 将黑表笔插入“COM”插孔，如被测电流在 200 mA 以下，将红表笔插入“A”插孔；如被测电流在 200 mA～20 A 之间，则将红表笔插入“20 A”插孔。

2. 将转换开关置于 DCA（直流电流）或 ACA（交流电流）的量程范围。

3. 将测试表笔串联于被测电路中。

【注意】

（1）如果被测电流的范围未知，应先将功能开关置于最高挡然后视情况逐步调低。

（2）如果显示"1"，表示过量程，必须调高量程挡。

（3）"A"插孔输入时，过载会将内装熔丝烧断，必须予以更换，熔丝规格为0.2 A。

（4）20 A插孔没有安装保险丝，测量时间应小于15 s。

三、电阻的测量

1. 将黑表笔插入"COM"插孔，红表笔插入"VΩ"插孔（注意红表笔的极性为"+"）。

2. 将转换开关置于所需欧姆量程上，将测试表笔跨接在被测电阻上。

【注意】

（1）当输入开路时，会显示过量程状态"1"。

（2）如果被测电阻的阻值超过所用量程，则会指示过量程"1"，必须换用更高量程挡。当被测电阻在1 MΩ以上时，本表数秒后方能稳定读数，对于高电阻的测量，这是正常的。

实训一 万用表转换开关的使用和读数

一、实训目的

1. 学会MF47型万用表转换开关的使用和标度尺的读法。

2. 了解MF47型万用表的内部结构。

二、实训所需器材

1. 工具：螺钉旋具（"一"字形和"十"字形各一把）。

2. 仪表：MF47型万用表一块。

3. 器材：5号电池和9号层叠电池各一只。

三、实训内容

1. 万用表转换开关的使用和读数。

2. 认识万用表。

四、实训步骤及要点

1. 如果表头指针稳定在如图2-1-3所示位置，请根据表2-1中转换开关选定的测量项目与量程，将读取的数据填入该表中。

表2-1 转换开关的使用和读数练习一

测量项目和量程	R×1	1000 V～	10 V～	500 mA	0.5 mA	R×100	1000 V
读数（带单位）							
测量项目和量程	10 V	250 V～	R× 10k	R×10	50 V	R×1k	250 V
读数（带单位）							

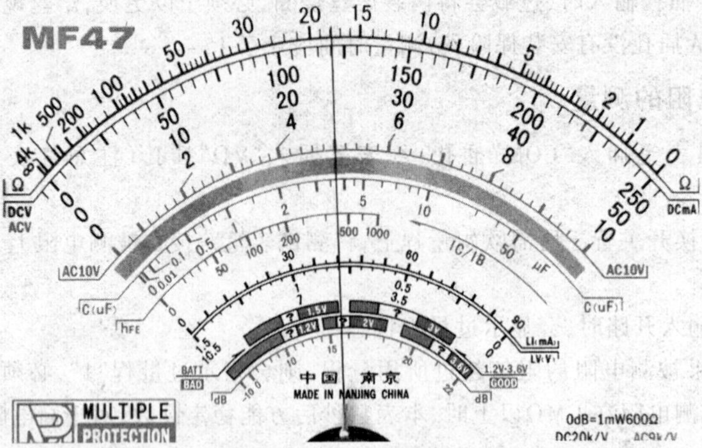

图 2-1-3

2. 如果表头指针稳定在如图 2-1-4 所示位置，表 2-2 中记录了已读取的数据，转换开关应置于哪个测量项目和量程上，将选择的结果填入表中。

表 2-2　转换开关的使用和读数练习二

读数(带单位)	184.8 V	3.69 mA	5.95 Ω	36.9 V ~	36. 9 mA	7.39 V	5.95 kΩ
转换开关的选择							

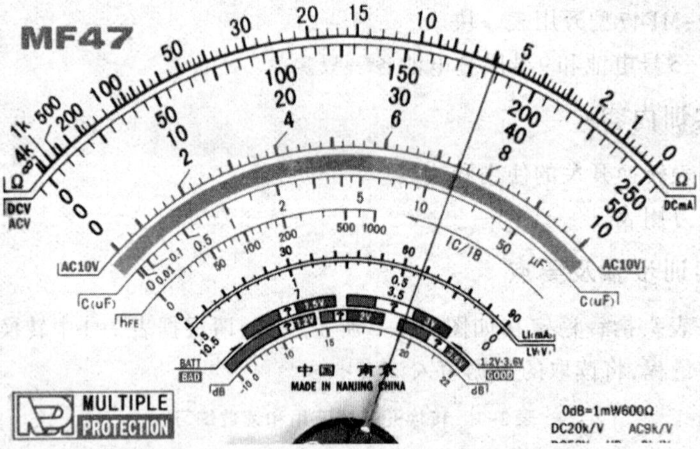

图 2-1-4

3. 如果表头指针稳定在如图 2-1-5 所示位置，试根据表 2-2 中转换开关选定的测量项目和量程，将读取的数据填入表 2-3 中。如果量程选择得不合适，试找出其中的原因。

表2-3　转换开关的使用和读数练习三

测量项目和量程	250 V～	50 mA	R×10	1000 V	0.5 mA	50 V	250 V	R×1	10 V
读取的数据(带单位)									
应选何种量程									

4. 如果表头指针稳定在如图2-1-5所示的位置,请根据表2-3中转换开关选定的项目和量程,将读取的数据(带单位)填入该表中。若量程选择不当,应将选定的适当量程填入该表下面一栏中。

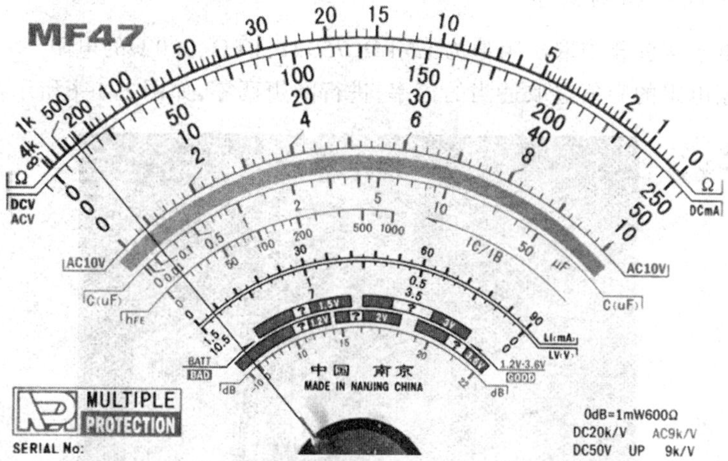

图2-1-5

5. 认识万用表结构的训练

(1)绘制万用表面板结构草图,弄清各外部件的名称和作用,并用文字表述出来。

(2)拆开万用表后盖,检查并取出表内电池,观察万用表的内部结构,绘制转换开关结构示意图,最后将万用表后盖装好。

五、注意事项

1. 读数时应在万用表指针稳定后再读数。

2. 读数时应弄清转换开关选定的测量项目和量程,明确在哪一条标度尺上读数,并应清楚标度尺上一个小格代表的数值。读数时,眼睛应位于指针正上方。

3. 万用表的电池极性不得弄错。

实训二　用万用表测量电阻

一、实训目的

能熟练使用指针式万用表和数字式万用表测量电阻。

二、实训所需器材

1. 工具:常用电工工具。

2. 仪表:指针式万用表、数字式万用表各一块。

3. 器材:电子实验箱。

三、实训内容

1. 测量各种色环的单个电阻。

2. 测量电路两点间的电阻。

四、实训步骤与要求

1. 从电子实验箱中取出阻值为1.5 kΩ、750 Ω、1 kΩ、200 Ω的电阻。

2. 根据电阻的阻值选取适当的倍率,进行欧姆调零,如图2-1-6所示。

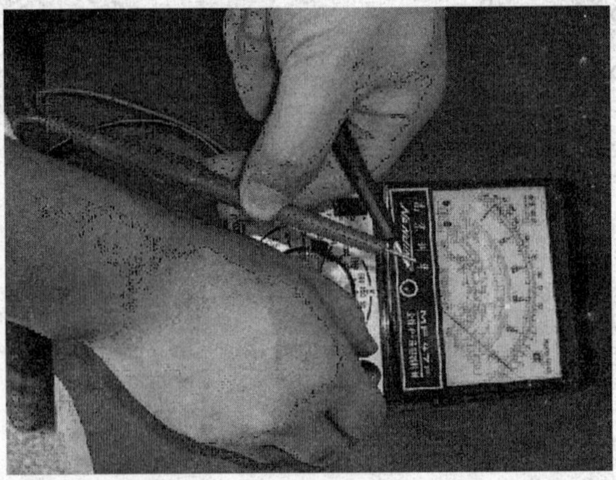

图2-1-6

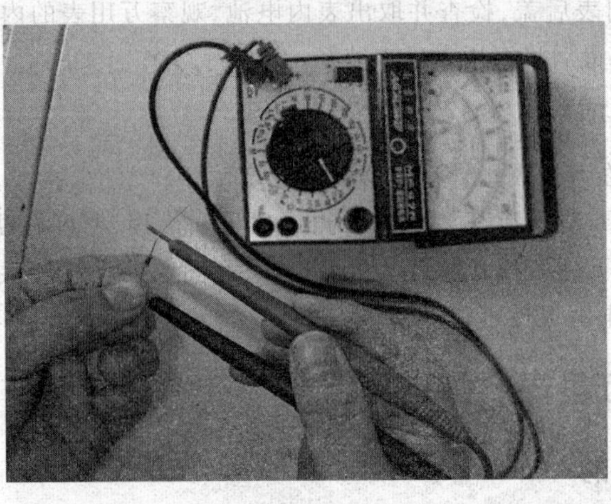

图2-1-7

3. 用指针式万用表测出各电阻的阻值，如图 2-1-7 所示，填入表 2-4 中。

4. 根据电阻的阻值选取适当的倍率，用数字式万用表测出各电阻的阻值，填入表 2-4 中。

表 2-4　电阻的测量

测量内容	R_1 / Ω	R_2 / Ω	R_3 / Ω	R_4 / Ω
电阻标称值				
指针式万用表的量程				
指针式万用表测量的数据				
数字式万用表的量程				
数字式万用表测量的数据				

5. 按图 2-1-8 所示连接好电路。其中，R_1=200 Ω、R_2=1 kΩ、R_3=750 Ω、R_4=1.5 kΩ。

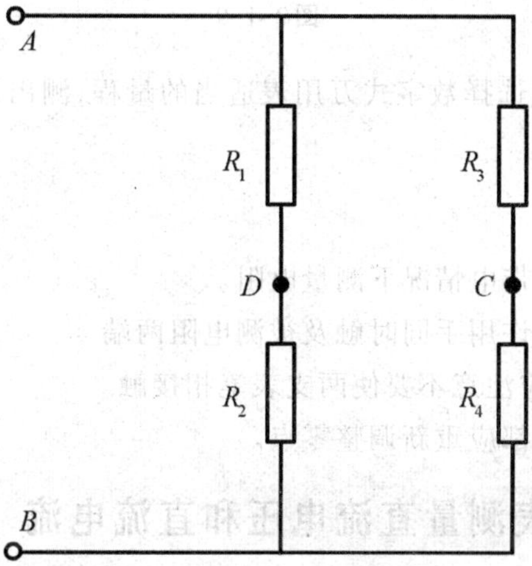

图 2-1-8

6. 计算 R_{AB}、R_{AC}、R_{BC}、R_{AD}、R_{BD}、R_{CD} 的阻值并填在表 2-5 中。

表 2-5　电阻的测量

测量内容	R_{AB} / Ω	R_{AC} / Ω	R_{BC} / Ω	R_{AD} / Ω	R_{BD} / Ω	R_{CD} / Ω
计算的数据						
指针式万用表的量程						
指针式万用表测量的数据						
数字式万用表的量程						
数字式万用表测量的数据						

7. 根据计算的阻值，选取适当的倍率，用指针式万用表测出R_{AB}、R_{AC}、R_{BC}、R_{AD}、R_{BD}、R_{CD}的阻值，如图2–1–9所示，并填在表2–5中。

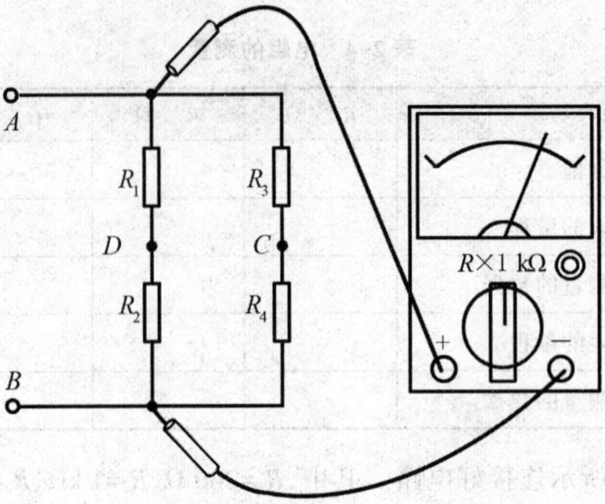

图2–1–9

8. 根据计算的数据选择数字式万用表适当的量程，测出R_{AB}、R_{AC}、R_{BC}、R_{AD}、R_{BD}、R_{CD}的阻值并填在表2–5中。

五、注意事项

1. 严禁在被测电路带电情况下测量电阻。
2. 测量电阻时不允许用手同时触及被测电阻两端。
3. 在测量的间隙，应注意不要使两支表笔相接触。
4. 每换一次倍率挡都应重新调整零点。

实训三 用万用表测量直流电压和直流电流

一、实训目的

1. 较熟练地使用指针式万用表和数字式万用表测量直流电压。
2. 较熟练地使用指针式万用表和数字式万用表测量直流电流。

二、实训所需器材

1. 工具：螺钉旋具（"一"字形和"十"字形各一把）。
2. 仪表：指针式万用表、数字式万用表各一块。
3. 器材：电子实验箱、直流稳压电源。

三、实训内容

1. 连接如图2–1–8所示的电路。
2. 测量电路中两点间的直流电压。

3. 测量各支路和干路上的直流电流。

四、实训步骤与要求

1. 在图2-1-8的A、B端接入低压直流电源，将直流电源调至6 V。

2. 将指针式万用表调到直流电压挡，根据电路算出各直流电压。选取适当的量程，用指针式万用表测出直流电压，如图2-1-10所示，将U_{AB}、U_{AC}、U_{BC}、U_{AD}、U_{DB}的数据填入表2-6中。

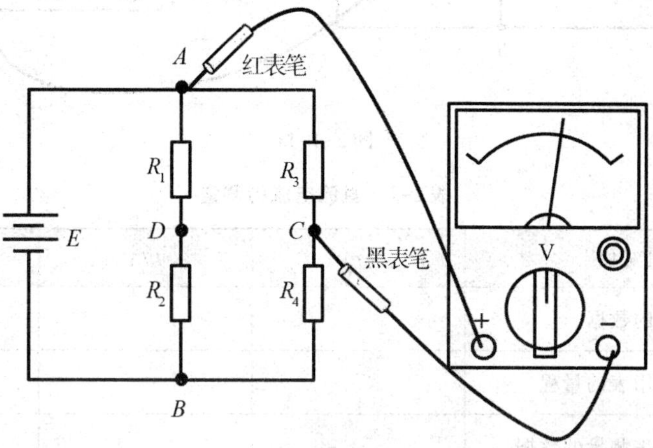

图2-1-10

3. 选取适当的量程，用数字式万用表分别测出U_{AB}、U_{AC}、U_{BC}、U_{AD}、U_{DB}的数据并填入表2-6中。

表2-6　直流电压的测量

测量对象	U_{AB} / V	U_{AC} / V	U_{BC} / V	U_{AD} / v	U_{DB} / V
计算的数据					
指针式万用表的量程					
指针式万用表测量的数据					
数字式万用表的量程					
数字式万用表测量的数据					

4. 把万用表调到直流电流挡，根据图2-1-11所示，分别用指针式万用表和数字式万用表测出I_1、I_2和I的数据，并将数据填入表2-7中。

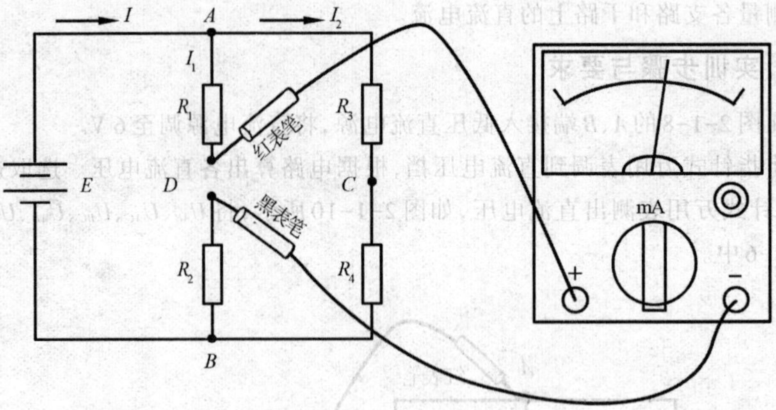

图 2-1-11

表 2-7 直流电流的测量

测量对象	I_1/A	I_2/A	I/A
计算的数据			
指针式万用表的量程			
指针式万用表测量的数据			
数字式万用表的量程			
数字式万用表测量的数据			

五、注意事项

1. 要注意电源的极性,表笔不能接反。

2. 应先估算被测电流和电压的范围,选择适当的量程。如果不知道被测电流和电压的范围,则首先将转换开关置于最大量程,然后视情况降至合适量程。

3. 每次测量完毕后,应将转换开关拨到交流电压最高挡位置。

实训四 用万用表测量交流电压

一、实训目的

1. 掌握交流电压的测量方法。

2. 较熟练地使用指针式万用表和数字式万用表测量交流电压。

二、实训所需器材

1. 工具:螺钉旋具("一"字形和"十"字形各一把)。

2. 仪表:指针式万用表、数字式万用表各一块。

3. 器材：变压器、刀开关、插座。

三、实训内容

1. 连接如图2-1-12所示电路。

2. 测量交流电压。

四、实训步骤与要求

1. 将调压器一次侧接入220 V的市电，将调压器的二次侧接刀开关出线端。利用实习桌上的插座提供待测交流电源。

2. 实习指导老师旋转调压器上的转盘，选出几种电压。

3. 把万用表转动开关置于交流电压挡，根据转盘上的读数选取适当的量程，用指针式万用表测出数据，如图2-1-12所示，并将数据填入表2-8中。

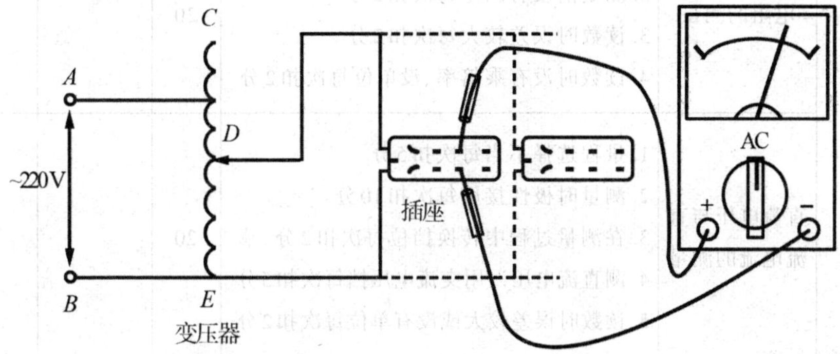

图2-1-12

4. 用数字式万用表测量电压，并将数据填入表2-8中。

表2-8 交流电压的测量

	第一次	第二次	第三次	第四次	第五次
指针式万用表的量程					
指针式万用表测量的数据					
数字式万用表的量程					
数字式万用表测量的数据					

五、注意事项

1. 调压器的一次侧接入的是220 V市电，要注意安全。接线时应先断开电源总开关。

2. 训练时，教师在输出端并联万用表监测输出电压。

任务检测与评估

检测项目		评分标准	分值	学生自评	教师评估
任务知识内容	万用表结构初步认识	1. 不清楚万用表各外部部件的名称与作用每项扣5分 2. 电池极性接反扣10分	10		
任务操作技能	指针式万用表的读数	1. 不知道转换开关拨在哪一挡时看哪一条刻度线扣10分 2. 读数误差较大每次扣2分	20		
	电阻的测量	1. 量程选择不当每次扣5分 2. 测量前没有调零每次扣2分 3. 读数时误差较大每次扣2分 4. 读数时没有乘倍率、没单位每次扣2分	20		
	直流电压与直流电流的测量	1. 量程选择不当每次扣5分 2. 测量时极性接反每次扣10分 3. 在测量过程中转换挡位每次扣2分 4. 测直流电压误用交流电压挡每次扣5分 5. 读数时误差较大或没有单位每次扣2分	20		
	交流电压的测量	1. 测量方法不正确扣20分 2. 量程选择不当每次扣10分 3. 测交流电压误用直流电压挡每次扣10分 4. 读数时误差较大、没有单位每次扣5分 5. 在测量过程中换挡扣10分	20		
	万用表的维护	1. 万用表使用完毕没有关掉扣5分 2. 万用表任意放置且强烈振动每次扣5分	10		
	安全文明生产	违反安全文明生产操作规程从总分中扣5～10分			
	定额时间3 h	每超时10 min扣5分			
	备　注	除定额时间外，各项目的最高扣分不超过配分			
开始时间		结束时间		实际时间	

任务二 绝缘电阻表、接地电阻仪、钳形电流表的使用

知识一 绝缘电阻表

一、作用

绝缘电阻表是一种测量高电阻的仪表，俗称摇表。经常用它测量电气设备的绝缘电阻值。绝缘电阻表的表盘刻度以兆欧(MΩ)为单位，其外形如图2-2-1所示。

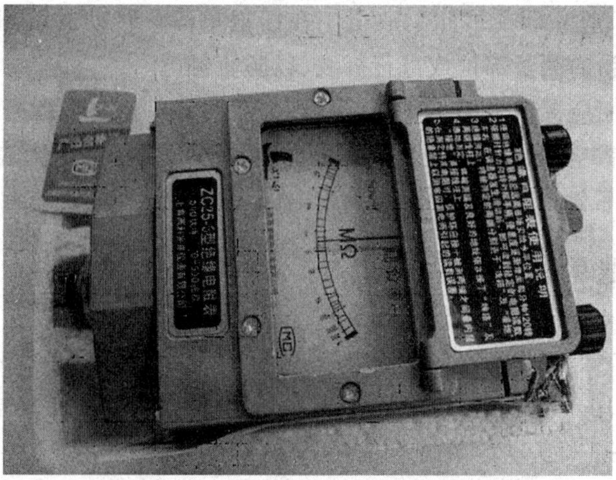

图2-2-1

二、选用

主要是根据不同电气设备选择绝缘电阻表的电压及其测量范围。绝缘电阻表的额定电压要与被测设备或线路的工作电压相匹配，测量范围也应与被测绝缘电阻相吻合。

三、接线

一般绝缘电阻表上有三个接线柱，“L”表示“线路”或“相线”接线柱；“E”表示“地”接线柱；“G”表示屏蔽接线柱。一般测量时只用“L”端和“E”端。

四、使用方法

1. 检查绝缘电阻表。两表笔分开，摇动手柄，观察指针是否指在“∞”处；再将“L”和“E”两接线柱短路，慢慢摇动绝缘电阻表，指针应指在零处。

2. 按要求正确接线。

3. 水平放置绝缘电阻表，均匀摇动手柄(转速为 120 r / min左右)。

4. 当指针稳定时读数。

五、注意事项

1. 测量设备的绝缘电阻时，必须先切断设备的电源。严禁在被测电路带电或大电容未放电情况下用绝缘电阻表测绝缘电阻。

2. 在检查绝缘电阻表时，将“L”和“E”两接线柱短接，摇动手柄要慢，且时间要短。

3. 要均匀摇动绝缘电阻表的手柄，转速大约为120 r/min，且摇动时间要在1 min以上。

4. 应使用多股软线作为绝缘电阻表的引线，切忌两根引线绞在一起，以免测量数据不准确。

5. 测量完毕，应立即使被测物放电。在摇把未停止转动或被测物未放电前，不可用手接触被测物的测量部位或进行拆线，以防止触电。

6. 被测物表面应擦拭干净，不得有污物(如漆等)，以免测量数据不正确。

7. 禁止在有雷电时或在邻近有高压导体的设备时用绝缘电阻表进行测量，只有在设备不带电又不会受其他电源感应而带电时才能进行测量。

知识二　接地电阻仪

一、作用

接地电阻仪用于测量电气系统、避雷系统等接地装置的接地电阻和土壤电阻率，其外形如图2-2-2所示。

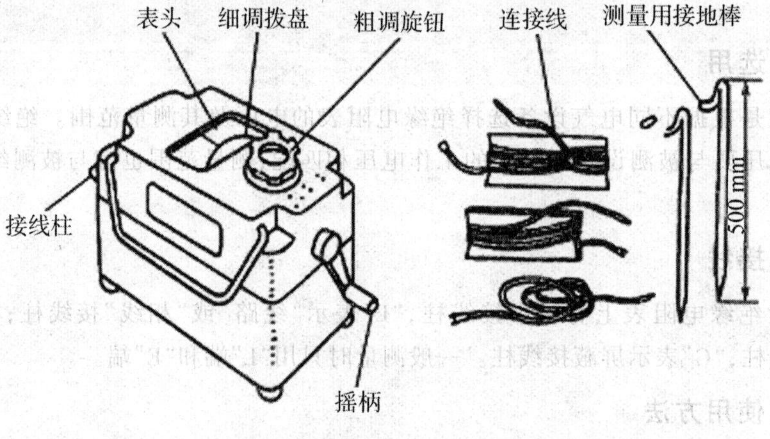

图2-2-2

二、使用方法

1. 使用前先将仪器放平，然后调零。

2. 接地电阻仪的接线方法如图 2-2-3 所示。将接地探针“P'”插在被测接地极“E'”和电流探针“C'”之间，三者之间成一直线且彼此相距 20 m；再用导线将“E'”与仪表端钮“E”相接，“P'”与端钮“P”相接，“C'”与端钮“C”相接。

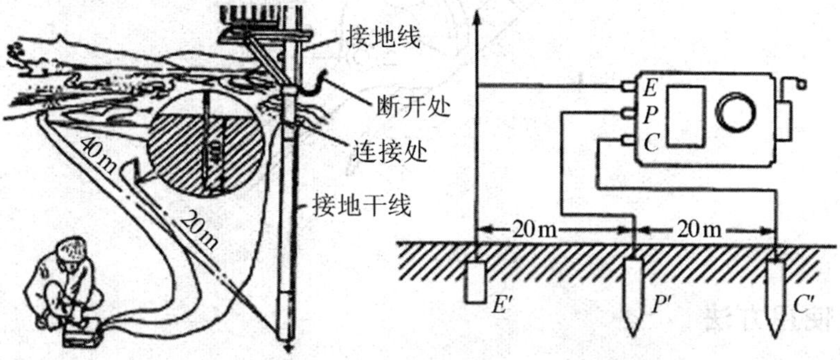

图 2-2-3

3. 将倍率开关置于最大倍数上，缓慢摇动手柄，同时转动测量标度盘，使检流计指针处于中心线的位置上。当检流计接近平衡时，要加快摇动手柄，使转速平均为 120 r / min，同时调节测量标度盘，使检流计指针稳定指在中心线位置。此时读取被测接地电阻(被测接地电阻＝倍率×测量标度盘读数)。

三、注意事项

1. 测量中若发现“测量标度盘”读数小于“1”，则应将量程选择开关S置于较小的一挡，重新测量。

2. 测接地装置的接地电阻，必须先将接地线路与被保护的设备断开，才能测得较准的接地电阻值。

3. 若仪表中检流计灵敏度不够，可在电压探针“P'”和电流探针“C'”的接地处注水，以减小两探针间接地电阻。如果检流计灵敏度过高，则可减小电压探针插入土中的深度。

知识三　钳形电流表

一、作用

钳形电流表是一种不需要断开电路就可以测量交流电流的电工常用仪表，其外形结构如图 2-2-4 所示。

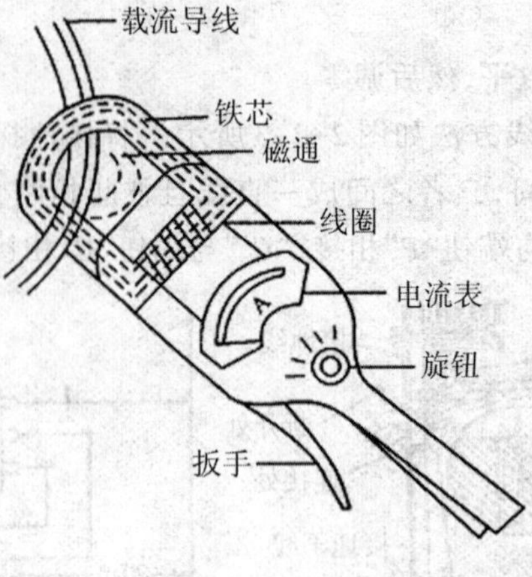

图 2-2-4

二、使用方法

1. 将量程开关转到合适的挡位。

2. 打开铁芯开关，将被测导线从铁芯开口处引入铁芯中央，松开铁芯开关使铁芯闭合。

3. 读取测量值。

三、注意事项

1. 被测导线只能有一根穿入铁芯。

2. 被测线路的电压不能超过钳形电流表规定的使用电压。

3. 选择合适的量程挡位，若不清楚被测电流的大小，应由大到小逐级选择直至合适挡位进行测量。

4. 测量过程中，不能转动量程开关。需要转换量程时，应先脱离被测线路，再转换量程开关。

5. 被测导线应置于钳口中央。

6. 用钳形电流表测量缺相电流时，时间要短。

实训一 用绝缘电阻表测量电动机的绝缘电阻

一、实训目的

1. 认识绝缘电阻表的主要结构。

2. 知道绝缘电阻表的使用方法及维护知识。

3. 学会用绝缘电阻表测量设备的绝缘电阻。

二、实训所需器材

1. 工具：螺钉旋具、钢丝钳。

2. 仪表:绝缘电阻表。

3. 器材:三相笼形异步电动机、铜芯绝缘软线适量、电缆线。

三、实训内容

1. 用绝缘电阻表测量三相绕组之间的绝缘电阻。

2. 用绝缘电阻表测量绕组与机座之间的绝缘电阻。

3. 用绝缘电阻表测量线路的绝缘电阻。

四、实训步骤与要求

1. 将一台三相笼形异步电动机接线盒拆开。取下所有接线柱之间的连接片,使三相绕组 U_1、U_2、V_1、V_2、W_1、W_2各自独立。

2. 检查绝缘电阻表。两表笔分开,摇动手柄,观察指针是否在"∞"处。再将"*L*"和"*E*"两接线柱短路,慢慢摇动绝缘电阻表,指针应指在零处。

3. 用绝缘电阻表测量三相绕组之间的绝缘电阻,"*L*"接线柱与"*E*"接线柱分别接两只绕组的头或尾,如图 2-2-5 所示,将数据记入表 2-9 中。

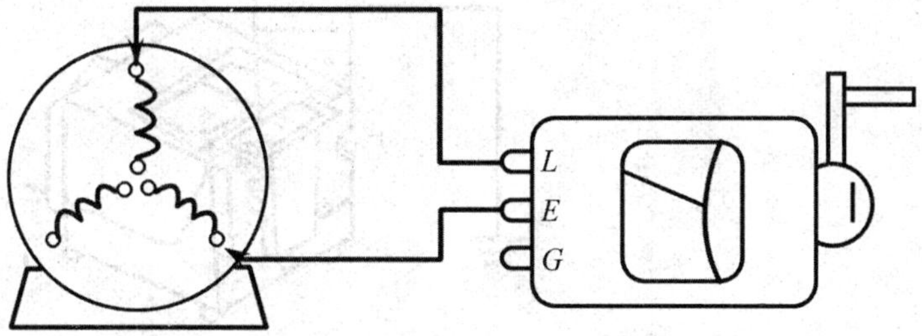

图 2-2-5

4. 用绝缘电阻表测量各相绕组与机座之间的绝缘电阻和绕组对地绝缘电阻时,"*L*"接线柱接绕组,"*E*"接线柱接电动机外壳,如图 2-2-6 所示,将数据记入表 2-9 中。

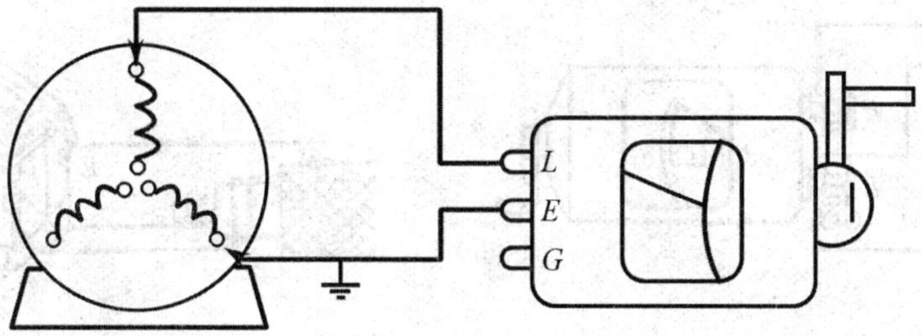

图 2-2-6

表 2-9　电动机绝缘电阻的测量

电动机的额定值				绝缘电阻表		绝缘电阻 / MΩ					
功率/kW	电流/A	电压/V	接法	型号	规格	U-V之间	U-W之间	V-W之间	U相对地	V相对地	W相对地

5. 用绝缘电阻表测量附近照明线路的绝缘电阻，"*L*"接线柱接导线，"*E*"接线柱接大地，如图 2-2-7 所示，将数据记入表 2-10 中。

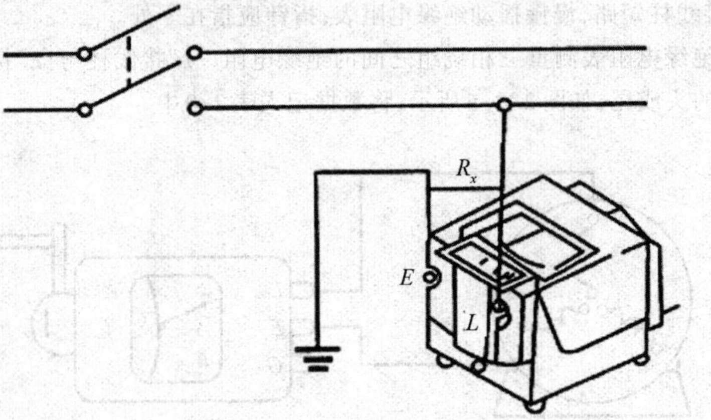

图 2-2-7

6. 用绝缘电阻表测量附近动力线路的绝缘电阻，接线方法如图 2-2-7 所示，将数据记入表 2-10 中。

7. 用绝缘电阻表测量电缆的绝缘电阻，"*L*"接线柱接导体，"*E*"接线柱接电缆绝缘外壳，"*G*"接线柱接电缆金属屏蔽层，如图 2-2-8 所示，将数据记入表 2-10 中。

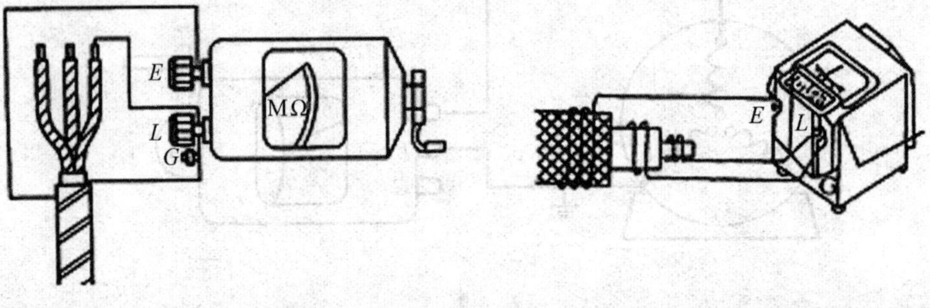

图 2-2-8

表 2-10　接地电阻的测量

绝缘电阻表		绝缘电阻 / MΩ		
型号	规格	照明线路	动力线路	YJLV22－3X120—10－100

五、注意事项

使用绝缘电阻表进行测量时要严格遵守使用规则，严禁在带电情况下测电阻。

实训二　用接地电阻仪测量接地电阻

一、实训目的

1. 认识接地电阻仪的主要结构。
2. 知道接地电阻仪的使用方法及维护知识。
3. 能用接地电阻仪测量接地装置的接地电阻。

二、实训所需器材

1. 工具：螺钉旋具、钢丝钳。
2. 仪表：接地电阻仪及附件。
3. 器材：铜芯绝缘软线适量、电缆线。

三、实训内容

用接地电阻仪测量避雷装置或电气设备接地系统的接地电阻。

四、实训步骤

用接地电阻仪测量实习室附近避雷装置或电气设备接地系统的接地电阻，并将有关数据记入表2-11中。

表2-11　接地电阻的测量

接地电阻名称	接地电阻仪		探针间距离 / cm			探针入地深度 / cm		接地电阻值 / Ω
	型号	所用量程	*EP*间	*PC*间	*EC*间	*P*	*C*	

实训三　用钳形电流表测量电动机电流

一、实训目的

1. 认识钳形电流表的主要结构；
2. 知道钳形电流表的使用方法及维护知识；
3. 会用钳形电流表测量电流。

二、实训所需器材

1. 工具：螺钉旋具、钢丝钳。
2. 仪表：钳形电流表。
3. 器材：三相异步电动机。

三、实训内容

1. 用钳形电流表测出起动瞬间的起动电流。
2. 用钳形电流表测出电动机的空载电流。
3. 用钳形电流表测出缺相运行电流。

四、实训步骤与要求

1. 按出厂要求连接三相绕组接线柱之间的连接片，并将其接入三相交流电路，使其通电运行。

2. 根据电动机的铭牌数据，选择适当的量程，用钳形电流表测出起动瞬间的起动电流，并将数据填入表2-12中。

3. 当电动机转速达到额定值时，用钳形电流表测出电动机的空载电流，并将结果记入表2-12中。

4. 关掉电源，测出导线在钳口绕两圈后的空载电流，并将结果记入表2-12中。

5. 在电动机空载运行时，取下某一相熔断器，用钳形电流表测出缺相运行电流（检测时间应尽量短），测量完毕立即关掉电源并将结果记入表2-12中。

表2-12　电动机电流的测量

钳形电流表		起动电流／A		空载电流／A		导线在钳口绕两圈后的空载电流／A		缺相运行电流／A			
								量程	读数		
型号	规格	量程	读数	量程	读数	量程	读数		U	V	W

五、注意事项

1. 测量时，钳形电流表应放平，操作者应戴绝缘手套，并且有人监护。

2. 当被测导线为裸导线时，必须事先将邻近各相用绝缘板隔离，以防钳口张开时引起相间短路。

任务检测与评估

检测项目		评分标准	分值	学生自评	教师评估
任务知识内容	各仪表结构的初步认识	不清楚主要部件名称与作用每个扣2分	10		
任务操作技能	用绝缘电阻表测量绝缘电阻	1. 不会调试绝缘电阻表或调试方法不正确扣10分 2. 接线端接错扣10分 3. 转速不均匀，测试不在1 min以上且指针未稳定就读数扣5分 4. 读数时误差较大每次扣5分 5. 拆线前不放电扣5分 6. 在测量过程中换挡扣10分	30		
	用接地电阻仪测量接地装置的接地电阻	1. 接线端接错扣10分 2. 两个探针与接地体之间距离未在20 m以上扣10分 3. 检流计指针没有调在红线上扣10分 4. 发电机摇动不规范扣10分 5. 不会记录项目设备名称和安装方法扣10分	30		
	用钳形电流表测量电流	1. 没有机械调零扣5分 2. 在测量过程中换挡扣10分 3. 被测导线未置于钳口中央扣10分 4. 测量过程中钳口未紧闭扣10分 5. 测量结果误差较大扣10分	20		
	各仪表的维护	不清楚各仪表维护知识每个扣5分	10		
	安全文明生产	违反安全文明生产操作规程从总分中扣5～10分			
	定额时间90 min	每超时10 min扣5分			
	备注	除定额时间外，各项目的最高扣分不超过配分			
开始时间		结束时间		实际时间	

练习题二

一、**判断题**(下列判断题中正确的请在括号内打"√",错误的请打"×")

1. 仪表灵敏度越高越好。 ( )
2. 测量直流电量应采用磁电系仪表。 ( )
3. 电子仪器与被测电路之间的连线应尽可能短,以达到节约导线的目的。 ( )
4. 钳形电流表使用完毕后要把量程开关置于最大量程位置上。 ( )
5. 钳形电流表在不断电的情况下进行测量,且测量的精度也很高。 ( )
6. 在使用前,手摇发电机式绝缘电阻表的指针可以指在标度尺的任意位置。 ( )
7. 数字式测量仪表在测量时不存在"视差"。 ( )
8. 严禁在被测电路带电的情况下,用数字式万用表测量电阻。 ( )
9. 用万用表测量电阻时,测量前或改变欧姆挡位后都必须进行一次欧姆调零。 ( )
10. 万用表使用后,转换开关可以置于任意位置。 ( )
11. 使用万用表时,在通电测量状态下可以任意转换量程选择开关。 ( )
12. 万用表的红表笔要插入正极"-"插孔,黑表笔插入负极"+"插孔。 ( )
13. 选择万用表量程的原则是:在测量时,使万用表的指针尽可能在中心刻度线附近,因为这时的误差最小。 ( )

二、**单项选择题**(下列每题中有多个选项,其中只有1个是正确的,请将正确答案的代号填在横线空白处)

1. 在无法估计被测量的大小时,应先选用仪表的_____测试后,再逐步换成合适的量程。

   A. 最小量程　B. 最大量程　C. 中间量程　D. 空挡

2. 若要求精确测量交流电流,应选用_____仪表。

   A. 磁电系　B. 电磁系　C. 整流系　D. 电动系

3. 仪表的标度尺刻度不准造成的误差是_____。

   A. 基本误差　B. 附加误差　C. 相对误差　D. 引用误差

4. 电流表、电压表、功率表、电度表等是按_____分类的电工仪表。

   A. 工作原理　B. 使用误差　C. 被测电量　D. 准确度等级

5. 手摇发电机式绝缘电阻表在使用前，指针指示在标度尺的_____。

A. “0”处　B. “∞”处　C. 中央处　D. 取任意位置

6. 测量车间电气设备的绝缘状态时可用_____。

A. 万用表 $R\times10$ k挡　B. 250 V绝缘电阻表

C. 500 V绝缘电阻表

7. 绝缘电阻表的额定转速为_____。

A. 50 r / min　B. 0 r / min　C. 120 r / min　D. 150 r / min

8. 用两表法测量三相电路的有功功率时，每只功率表的读数表示_____。

A. 一相的功率　B. 两相的功率

C. 三相的功率　D. 无任何意义

9. 在交流电路中，电动系功率表指针的偏转角与电路中的_____。

A. 电流成正比　B. 电流的平方成正比

C. 功率成正比　D. 电流的立方成正比

10. 用离心式转速表测量电动机转速时，若不知被测转速的大致范围，可先用_____测量一个大概数值，然后用相应挡进行测量。

A. 高速挡　B. 低速挡　C. 任意挡　D. 中间挡

11. 离心式转速表的表盘是不等分度的，这是因为离心力与旋转_____。

A. 角速度成正比　B. 角速度的平方成正比

C. 角速度无关　D. 角速度的立方成正比

12. 测量运行中的绕线式异步电动机的转子电流，可以用_____。

A. 安培表　B. 互感器式钳形电流表

C. 检流计　D. 电磁系钳形电流表

13. 钳形电流表的优点是_____。

A. 准确度高　B. 可以交、直流两用

C. 灵敏度高　D. 可以不切断电路测电流

14. 选择绝缘电阻表的原则是_____。

A. 绝缘电阻表额定电压要大于被测设备工作电压

B. 一般都选择1000 V的绝缘电阻表

C. 选用准确度高、灵敏度高的绝缘电阻表

D. 绝缘电阻表测量范围与被测绝缘电阻的范围相适应

15. 用万用表欧姆挡测量电阻时，所选择的倍率挡应使指针处于表盘的_____。

A. 起始段　B. 中间段　C. 末段　D. 任意段

16. 万用表欧姆挡的红表笔与_____相连。

A. 内部电池的正极　B. 内部电池的负极

C. 表头的正极　D. 黑表笔

17. 电压表使用时要与被测电路______。

A. 串联　B. 并联　C. 混联　D. 短路

18. 使用直流电压表时，除了使电压表与被测电路并联外，还应使电压表的“＋”与被测电路的______相连。

A. 高电位端　B. 低电位端　C. 中间电位端　D. 零电位端

三、思考与练习

1. 在测 200 Ω电阻时选用$R\times10$挡和$R\times100$挡，哪种测法误差小？
2. 在测直流电压时误用交流电压挡，测得的数据会怎样？
3. 测量“220 V　40 W”白炽灯的冷态电阻。
4. 测量家用电器的冷态电阻与使用时的电压。
5. 测量 500 mA 以上的直流电流。
6. 如何选用绝缘电阻表？绝缘电阻表测量完毕，为什么不能急于拆除导线？
7. 用接地电阻仪测接地装置的接地电阻时会遇到哪些问题？应如何处理？
8. 钳形电流表能否测量直流电流？为什么？
9. 用绝缘电阻表测量实验室的其他设备的绝缘电阻。
10. 用接地电阻仪测量某工厂或企业电气设备接地系统的接地电阻。
11. 用钳形电流表测量流过小导线的电流。

项目三

常用电工工具和电工基本操作技能

知识目标

1.了解常用电工工具的名称及作用;

2.熟悉导线绝缘层的剖削、导线的连接及绝缘层恢复的一般操作步骤;

3.了解常用导线截面积及电路中熔丝的规格。

技能目标

1.能熟练使用常用电工工具,完成各种安全操作;

2.正确使用常用电工工具进行导线绝缘层的剖削、导线的连接及绝缘层的恢复;

3.能正确选择导线的规格与型号。

任务 常用电工工具的识别与使用

在电气设备的安装、维护和修理工作中,电工都要使用电工工具。正确地使用电工工具,既能提高工作效率和工作质量,又能减轻劳动强度,保证作业安全,同时可以延长工具的使用寿命。

知识一 螺钉旋具

螺钉旋具俗称起子或旋凿,通常用来紧固或拆卸带槽螺钉。它几乎是各行各业,甚至家庭都用得上的一种拧紧或拧松的工具。

一、种类

螺钉旋具按头部形状的不同可分为"一"字形和"十"字形两种,其外形如图3-1-1所示。

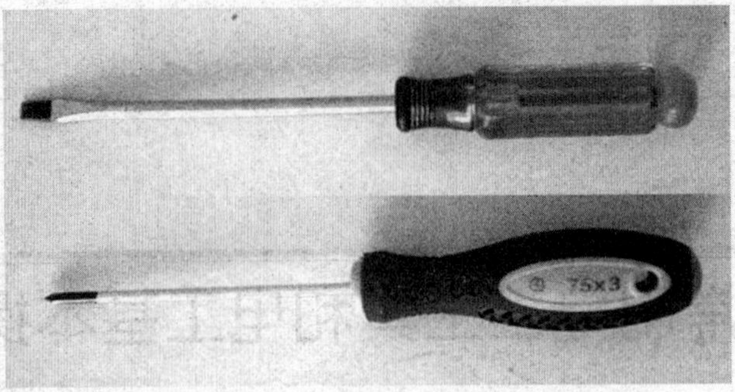

图 3-1-1

1."一"字形螺钉旋具用来紧固或拆卸带"一"字槽的螺钉，其规格用柄部以外的体部长度表示。电工常用螺钉旋具的规格有 50 mm、100 mm、150 mm、200 mm 等。电工必备的是 50 mm 和 150 mm 两种螺钉旋具。

2."十"字形螺钉旋具是专供紧固或拆卸带"十"字槽螺钉的，其长度和"十"字头大小有多种。按"十"字头的规格分为四种型号：1 号适用的螺钉直径为 2～2.5 mm；2 号适用的螺钉直径为 3～5 mm；3 号适用的螺钉直径为 6～8 mm；4 号适用的螺钉直径为 10～12 mm。按握柄材料的不同又可分为木柄和塑料柄两种。

二、使用方法

使用螺钉旋具时一般以右手的掌心顶紧螺钉旋具柄，利用拇指、食指和中指旋动螺钉旋具柄，刀口准确插入螺钉头的凹槽中，如图 3-1-2(a)所示，左手扶住螺钉柱。拧小螺钉时，可以用右手的食指顶紧螺钉旋具柄，用拇指、中指及无名指旋动螺钉旋具柄拧螺钉，如图 3-1-2(b)所示。

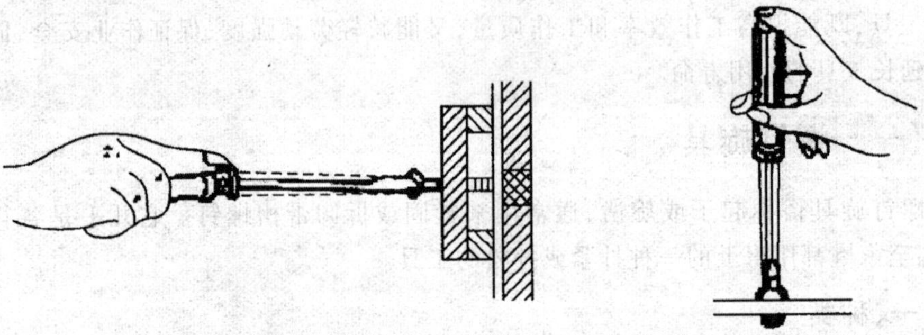

(a) 大螺钉旋具的用法　　(b) 小螺钉旋具的用法

图 3-1-2

使用口诀：顺拧紧，逆拧松。

三、使用注意事项

1. 螺钉旋具的头部形状和尺寸应与螺钉尾槽的形状和大小相匹配，严禁用小螺钉旋具拧大螺钉或用大螺钉旋具拧小螺钉。

2. 用螺钉旋具拆卸螺钉时，如果螺钉表面已锈蚀，可采用除锈措施。

3. 旋紧螺钉时，若螺母松动跟着螺钉转，应用钳子或扳手夹紧螺母，使它不随螺钉旋转。

4. 由于直径 3 mm 以下的铁螺钉不易用手抓拿，给拧固造成一定难度。此时可先将螺钉旋具刀口在喇叭磁铁上碰一下，使之带上磁性，就可以轻易地“抓住”铁螺钉。

5. 螺钉旋具的刀口长期使用变圆后，可在磨石上修磨，切不可用砂轮机打磨，以免刀口退火失去刚性。

6. 切不可把螺钉旋具当凿子用。

7. 电工应选择带绝缘手柄的螺钉旋具，且金属杆不可直通柄顶。使用前先检查绝缘是否良好，否则使用时容易造成触电事故。

近些年市场上出现了多种样式的螺钉旋具，如自动螺钉旋具、电动螺钉旋具、气动螺钉旋具、无感螺钉旋具、组合式螺钉旋具等，给电工工作带来了很大的方便。

知识二 电工用钳

一、钢丝钳

钢丝钳俗称克丝钳、老虎钳，是电工工作中使用最频繁的工具。钢丝钳常用来夹持或弯折薄片、细圆柱形金属零件以及切断金属导线。

1. 规格与结构

钢丝钳有铁柄和绝缘柄两种。绝缘柄钢丝钳为电工用钢丝钳，常用的规格有 150 mm、175 mm、200 mm、250 mm 等多种，可根据内线或外线工种的需要选择。电工钢丝钳由钳头和钳柄两部分组成。钳头包括钳口、齿口、刀口、铡口四部分，其外形结构如图 3-1-3 所示。其中钳口可用来钳夹或弯绞导线线头，齿口可用来紧固或拧松螺母或螺杆，刀口可用来剪切导线或剖切软电线的橡皮或塑料绝缘层，铡口可用来切断钢丝、铁丝等硬金属线材。

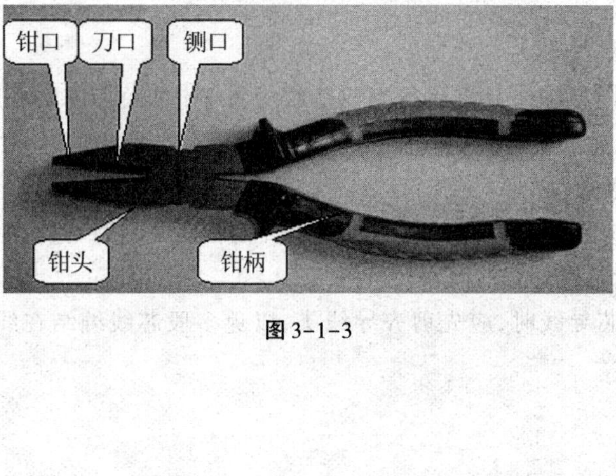

图 3-1-3

2. 使用方法

使用钢丝钳时，应用右手操作，将钳口朝向内侧，便于控制钳切部位，小指伸在两钳柄中间用来抵住钳柄，张开钳口，这样可以灵活分合钳柄。即虎口顶紧上钳柄，小指一顶钳口就开；食指、中指、无名指抓紧，钳口就合拢。

3. 使用注意事项

(1)使用前，必须检查钳柄绝缘套是否良好，以免在带电作业中发生触电事故。

(2)用钢丝钳剪切带电导线时，必须单根进行，以免造成短路事故，烧坏钳子的刀口。

(3)切莫把钳子当锤子使用，以免钳头变形。钳头的轴销应经常加机油润滑，保证其开合灵活。

二、剥线钳

剥线钳是用来剥离导线直径在6 mm以下的小直径导线绝缘层的专用工具，适用于塑料、橡胶绝缘电线和电缆芯线的剥皮。

图3-1-4

1. 结构

它的外形如图3-1-4所示，由钳口和钳柄两部分组成。钳口有0.5～3 mm的多个大小不同的压线口和刀口，分别用于不同规格线芯的剥削。其手柄是绝缘的，耐压等级为500 V。

2. 使用方法

使用剥线钳剥线时，只需将待剥皮的线头置于钳头的刀口中，用手将两钳柄一捏，然后一松，绝缘皮便与芯线脱开。

3. 使用注意点

(1)使用时应使切口与被剥削导线芯线直径相匹配，切口过大难以剥离绝缘层，切口过小会切断芯线。

(2)剥离多芯导线时，应先剪齐导线头，以免多股芯线缠结在线头处，影响剥离效果。

(3)若所剥离的绝缘层较长,应多段剥离。一次剥离太长,可能会因为芯线与绝缘层间的摩擦力太大而影响剥离。

三、尖嘴钳

尖嘴钳因其钳头尖细而称之为“尖嘴钳”,适用于在狭小工作车间的操作,其外形如图 3-1-5所示。尖嘴钳也有铁柄和绝缘柄两种,绝缘柄的耐压等级为500 V。

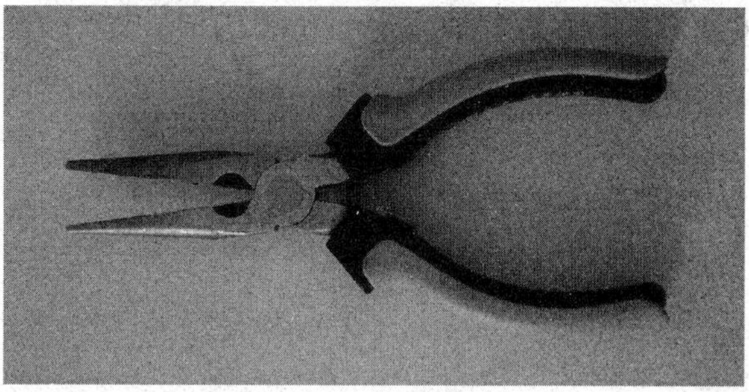

图 3-1-5

尖嘴钳的用途如下:

1. 带有刀口的尖嘴钳能剪断细小金属丝或导线等。
2. 尖嘴钳能夹持较小的螺钉、垫圈、导线等。
3. 在装接控制线路时,尖嘴钳能将单股导线弯成所需的各种形状。

四、斜口钳

斜口钳又称断线钳、斜嘴钳、偏口钳,其头部偏斜。电工用斜口钳的钳柄采用绝缘柄,其外形如图 3-1-6 所示,其耐压等级为1000 V。

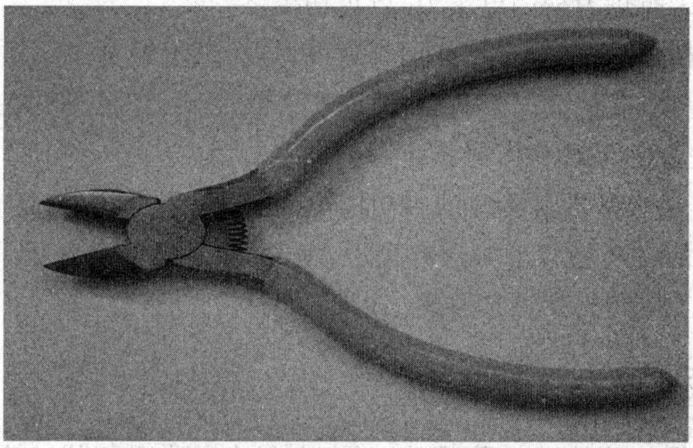

图 3-1-6

斜口钳钳头较短,只有刀口,专供用来剪断较粗的金属丝、线材、电线、电缆等。

随着电气技术的发展,电工工具也与时俱进,新型钳子层出不穷,有迷你弯嘴钳、迷你斜嘴钳、平嘴钳、多用尖嘴钳、钢缆钳、电缆钳、鲤鱼钳、多用斜口钳等,可根据用途进行选择。

知识三 电工刀

电工刀是用来剥离大直径导线绝缘层、切割木台缺口、削制木样的专用工具。它是电工维修或安装电气设备的必备工具。

一、结构

普通电工刀的外形如图3-1-7所示，它由刀片、刀刃、刀把、刀挂构成。

图3-1-7

二、使用方法

使用电工刀剖削单芯护套线塑料导线绝缘层时，应将刀口朝外。使刀片略微翘起一些。用刀刃圆角抵住线芯，根据所需长度以45°角斜切入塑料绝缘层，然后使刀面与芯线保持25°角左右，用力向线端推削（不可切入芯线），削去上面一层塑料绝缘层，将下面塑料绝缘层向后扳翻，最后用电工刀齐根切去。剥离塑料双芯（或三芯）护套线绝缘层时，可以用刀刃按所需长度对准两芯线的中间部位，把导线一剖为二，然后再剥除线头上的绝缘层。使用电工刀切割木台、削制木榫或竹榫时，通常用左手托住待切割物，右手持刀切削。

三、使用注意事项

1. 不得传递未折进刀柄的电工刀，以免伤手。
2. 电工刀刀柄无绝缘保护，不能用于带电作业，以免触电。
3. 剥离塑料多芯线护套时，刀面应垂直于芯线之间，且用力不宜太猛。
4. 电工刀用完后，随时将刀身折进刀柄。

常见的电工刀还有不同类型的多功能电工刀，除了刀片外，还带有锯子、锥子、扩孔锥等。还有的多功能电工刀带有尺子、锯子、剪子以及开瓶扳子等。总之，多功能电工刀给电工工作带来了许多方便。

知识四 扳手

扳手是用于螺纹连接的一种手动工具，有很多种类和规格。常用的是活扳手，又称活络扳头或活络扳手，是用来紧固和松动有角螺母或螺钉的一种专用工具。

一、结构和规格

活扳手由头部和柄部组成，头部由活络扳唇、呆扳唇、扳口、蜗轮和轴销等组成，外形如图3-1-8(a)所示。规格用长度×最大开口宽度（单位:mm）来表示。电工常用的有 150 mm×19 mm(6 in)、200 mm×24 mm(8 in)、250 mm×30 mm(10 in)和 300 mm×36 mm(12 in)四种。

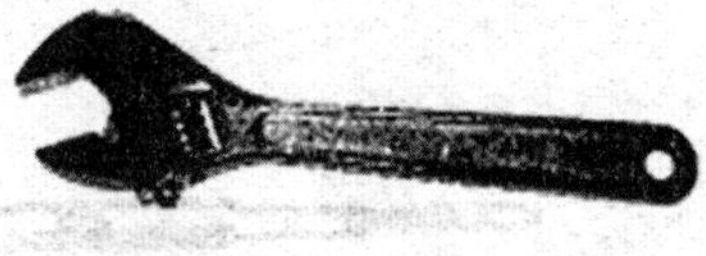

（a）外形

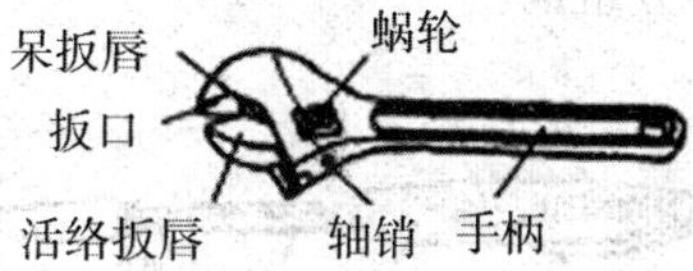

（a）结构

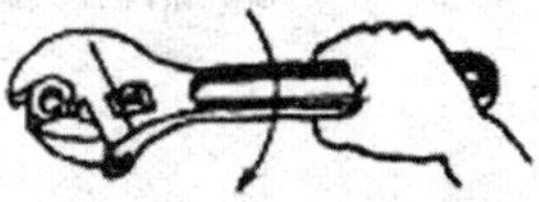

（c）扳较大螺母时的握法

（d）扳较小螺母时的握法

图 3-1-8

二、使用方法

使用活扳手时,右手握手柄。扳动大螺母时,手应握在靠近柄尾处,如图 3-1-8(c)所示,手越靠手柄末端,扳动起来越省劲;扳动小螺母时,手应握在手柄前端,如图 3-1-8(d)所示,可随时调节蜗轮,收紧活络扳唇,防止打滑,并且这样不致损坏螺杆。

操作口诀:顺时针拧紧,逆时针旋出。

三、使用注意事项

1. 拧紧螺母时,呆扳唇在上,活络扳唇在下。拧松螺母时,呆扳唇在下,活络扳唇在上。

2. 扳动小螺母时,手应该靠近呆扳唇,用大拇指不断地转动蜗轮,以适应螺母的大小。

3. 活扳手不可反用,以免损坏活络扳唇;也不可用钢管接长手柄来施加较大的扳拧力矩。

4. 活扳手不得当作撬棍和手锤使用。

其他常用的扳手有呆扳手、梅花扳手、两用扳手、套筒扳手和内六角扳手等。

知识五　验电器

验电器是用来测试电线、开关等电气装置的导电部分(或外壳)是否带电的工具。根据所测电压的高低分为低压验电器和高压验电器。

一、低压验电器

低压验电器又称试电笔,简称电笔,是用来检测电压范围为 50～500 V 的电气设备是否带电的一种常用工具。低压验电器有钢笔式、螺钉旋具式和组合式等。

1. 结构

低压验电器的结构如图3-1-9(a)所示，由笔尖、降压电阻、氖管、弹簧、笔尾的金属体等部分组成。

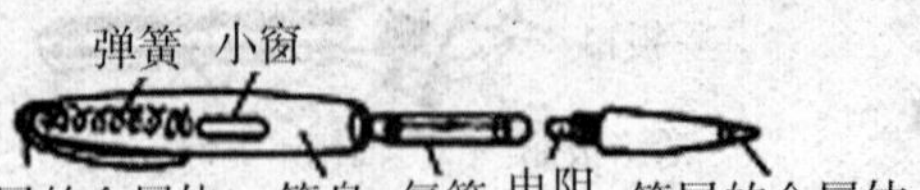

(a) 钢笔式

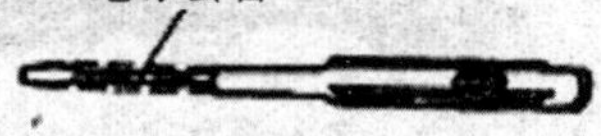

(b) 螺钉旋具式

图3-1-9

2. 使用方法

使用低压验电器时，必须按照如图3-1-10所示的握法操作。使用钢笔式验电器时用手握住笔身，手指必须接触笔尾的金属体，如图3-1-10(a)所示；使用螺钉旋具式验电笔时食指必须接触验电笔顶部的金属螺钉，使氖管小窗背光朝向自己，如图3-1-10(b)所示。

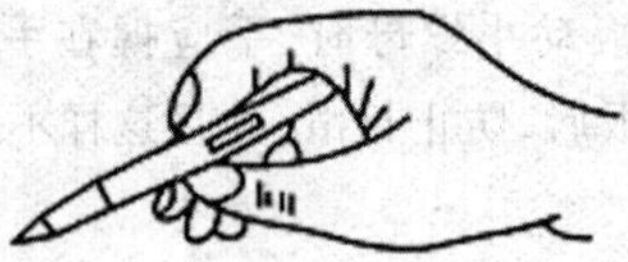

(a) 钢笔式握法

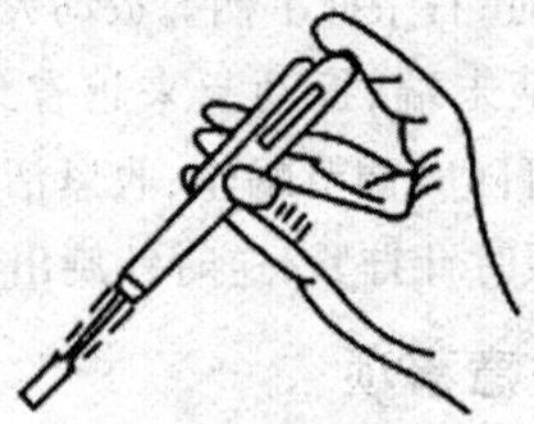

(b) 螺钉旋具式握法

图3-1-10

3. 使用注意事项

(1)使用前，先在有电的导体上检查电笔是否正常发光，验证电笔的可靠性。

(2)使用时，一般用右手握住低压验电器，此时人体的任何部位切勿触及周围的金属带电物体。

(3)在明亮的光线下往往不容易看清氖管的辉光，应注意避光。

(4)螺钉旋具式验电笔不能当作螺钉旋具使用，否则会损坏。

(5)验电笔不能受潮，不能随意拆装或受到严重振动。

二、高压验电器

1. 种类和结构

高压验电器又称高压测电器，主要有发光型高压验电器和声光型高压验电器。发光型高压验电器由握柄、护环、紧固螺钉、氖管窗、氖管和金属探针(钩)等部分组成。图3-1-11所示为发光型10 kV高压验电器外形。

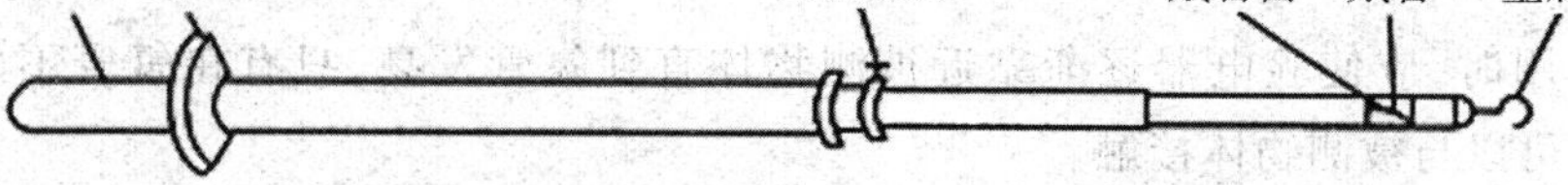

图 3-1-11

2. 使用方法

高压验电器的握法如图3-1-12所示，使用时应戴绝缘手套，并选用相应电压等级的验电器。特别注意手握部位不能超过护环。先在有电设备上验证验电器性能完好，然后再对被验电设备进行检测。操作方法是将验电器渐渐移向设备，在移近过程中若有发光或发声指示，则立即停止验电。

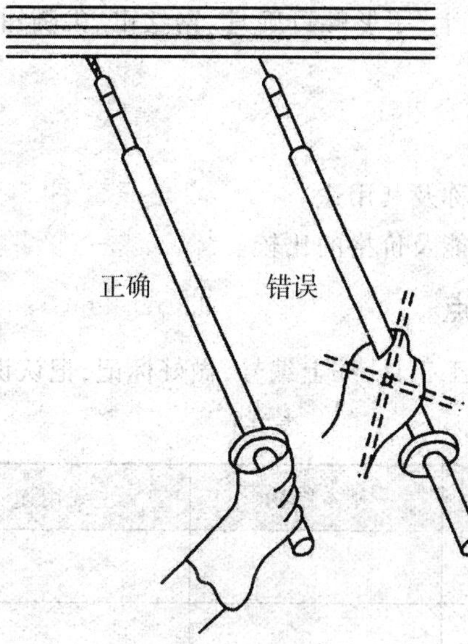

图 3-1-12

3. 使用注意事项

（1）使用前，首先确定高压验电器额定电压必须与被测电气设备的电压等级相匹配，以免危及操作者人身安全或产生误判。

（2）室外使用时，必须在气候良好的情况下进行，以确保操作人员的安全。

（3）验电时人体与带电体应保持相应的安全距离，10 kV以下的电压安全距离应为 0.7 m以上。

（4）使用完毕后，应擦拭掉表面的汗渍、积尘，悬挂在室内干净通风处，也可放置在专用的箱柜中。下次使用前，再用干净的白布擦拭干净。

（5）验电器应每半年进行一次预防性试验。

(6)使用时,应两人操作,其中一个人操作,另一个人进行监护。

(7)使用前,应在带电体上试测,以检查验电器是否完好。不可靠的验电器严禁使用。

(8)使用时,应使验电器逐渐靠近被测物体直到氖管发亮,只有在氖管不发亮时,人体才可以与被测物体接触。

实训一　常用电工工具的识别

一、实训目的

1. 会识别常用的电工工具,并了解其基本结构。

2. 了解常用电工工具的性能和价格。

二、实训所需器材

“一”字形螺钉旋具、“十”字形螺钉旋具、钢丝钳、尖嘴钳、电工刀、扳手、低压验电器等电工工具。

三、实训内容

1. 常用电工工具的名称及其用途。

2. 常用电工工具的性能及价格的比较。

四、实训步骤及要点

1. 根据实训给出的电工工具,编上编号,做好标记,把认识情况记录于表3-1中。

表3-1

编号	工具名称	基本结构	主要用途	使用方法摘要
1				
2				
3				
4				
5				
6				
7				
8				

2. 到商店或上网查询电工工具的性能及价格，每种工具查询1～2种，记录于表3-2中。

表3-2

序号	工具名称	型号规格	单位	价格	生产厂家
1	"一"字形螺钉旋具				
2	"十"字形螺钉旋具				
3	尖嘴钳				
4	钢丝钳				
5	剥线钳				
6	电工刀				
7	验电笔				
8	扳手				

实训二 常用电工工具的使用

一、实训目的

1. 了解常用电工工具的用途、规格。
2. 合理使用和维护常用电工工具。

二、实训所需器材

1. 螺钉旋具、钢丝钳、尖嘴钳、电工刀、扳手等多种型号各1把。
2. 木配电板一块，木螺钉、各种规格的导线若干。

三、实训内容

1. 常用电工工具的使用方法。
2. 使用电工工具紧固螺钉、剪切导线等。

四、实训步骤及要点

1. 教师示范各种常用电工工具的使用方法。

2. 螺钉旋具的使用训练

(1)用 50 mm 的螺钉旋具在木配电板上做旋紧木螺钉的练习，要求旋紧的木螺钉平整、紧固。

(2)用 150 mm 的螺钉旋具在木配电板上做旋紧木螺钉的练习，要求旋紧的木螺钉平整、紧固。

3. 钢丝钳的使用训练

(1)弯绞导线。按照图 3-1-13(a)所示的方法，利用钳口或齿口对较粗的导线进行弯曲和整形。

(2)扳旋螺母。按照图 3-1-13(b)所示的方法，利用钢丝钳的齿口对螺母进行旋紧或松动。

(3)剪断导线。按照图 3-1-13(c)所示的方法，利用钢丝甜的刀口切断导线。

(4)铡切钢丝。按照图 3-1-13(d)所示的方法，利用钢丝钳的刀口铡切钢丝。

(a) 弯绞导线　(b) 紧固螺母　(c) 剪切导线　(d) 铡切钢丝

图 3-1-13

4. 电工刀的使用训练

用电工刀对废旧塑料单芯硬线做剥削训练，练习时注意做到不刮伤芯线。

5. 剥线钳的使用训练

用剥线钳对废旧电线做剥离练习，练习时注意做到不剖伤或切断芯线。

6. 扳手的使用训练

分别用 150 mm×9 mm、250 mm×30 mm 两种规格的扳手，在螺母上做旋紧和旋松训练，要求操作按正确的使用方法进行。

五、注意事项

1. 螺钉旋具拧螺钉时顺拧紧、逆拧松。

2. 钢丝钳、尖嘴钳、剥线钳应根据场合进行选择。

3. 电工刀使用过程中要注意安全。

4. 钢丝钳切断导线时，应把刀口的一侧面向操作者。

5. 工具使用完后应放回工具套。

实训三　低压验电器的使用

一、实训目的

1. 了解低压验电器的用途。

2. 掌握低压验电器的合理使用和维护。

二、实训所需器材

1. 低压验电器多种型号各1只。

2. 交／直流电源、电机、变压器等用电设备。

三、实训内容

1. 低压验电器的使用方法。

2. 使用低压验电器测试电源通断、电源类型等。

四、实训步骤及要点

1. 判断电压高低。测试时可根据氖管发光的强弱来估计电压的高低。

2. 判断直流电与交流电。交流电通过验电器时，氖管里的两个极同时发光；直流电通过验电器时，氖管里的两个极只有一个发光。

3. 判断直流电的正、负极。把验电器连接在直流电的正、负极之间，氖管中发光的一极即为直流电的负极。

4. 判断相线与零线。验电器的金属笔尖与电路中的一根线接触，手握笔尾的金属体部分。若这时电笔中的氖管发光，笔尖所接触的那根线就是相线，另一根则为零线。也就是说，正常情况下，触及零线氖管是不会发光的。

5. 判断电气设备外壳是否带电。用验电器触及电动机、变压器等电气设备的外壳，如果氖管发光，而且和接触相线时的亮度差不多，则说明该设备外壳带电，有危险；如果壳体上有良好的接地装置，氖管是不会发光的。

6. 判断相线是否接地。用验电器触及正常供电的星形连接三相三线制交流电时，有两根相线比较亮，而另一根相线的亮度较暗，则说明亮度较暗的相线与地有短路现象，但不太严重。如果两根相线都很亮，而另一根相线不亮，则说明这一根相线与地肯定短路。

7. 做零线监测器。把验电器的一端与零线相连，另一端与地线相连，如果零线断路，氖管即发光；如果没有断路，则氖管不发光。

五、注意事项

1. 每次使用前，应先在带电体上进行检验，确定验电器工作正常。

2. 应防止验电器受潮，不得随意拆卸，探头不能承受较大的扭矩。

3. 由于用验电器检测零线时，氖管不发光，所以验电器不能检查电路通断情况。

检测与评估

检测项目		评分标准	分值	学生自评	教师评估
任务知识内容	常用电工工具的识别	1. 不认识工具每项扣5分 2. 不清楚工具结构每项扣2分	10		
	电工工具用途的初步认识	不清楚各常用工具的用途及大致使用方法每项扣3分	10		
任务操作技能	螺钉旋具的使用	1. 螺钉旋入配电板不垂直扣5分 2. 螺母受损扣3分	10		
	钢丝钳的使用	1. 能够较顺利地完成弯绞、剪切导线和铡切钢丝的练习，没有损伤钳口，但握法不正确，扣2分 2. 不能顺利地完成弯绞、剪切导线和铡切钢丝的练习，扣5分	10		
	剥线钳的使用	1. 选用钳口不正确每次扣1分 2. 剥离导线不熟练扣2～10分	20		
	电工刀的使用	1. 较熟练地剥离单芯、双芯和三芯护套线，切削角度有偏差，扣4分 2. 不能熟练地剥离单芯、双芯和三芯护套线，扣8分	20		
	低压验电器的使用	1. 判断相线与中性线、直流电与交流电、直流电的正负极，每错一项扣4分 2. 使用低压验电器的方法有误，扣10分	20		
	安全文明生产	违反安全文明生产操作规程从总分中扣5～10分			
	定额时间2.5 h	每超时10 min扣5分			
	备注	除定额时间外，各项目的最高扣分不超过配分			

开始时间		结束时间		实际时间	

练习题三

一、**判断题**(下列判断题中正确的请在括号内打"√",错误的请打"×")

1. 使用螺钉旋具的口诀是:顺拧紧,逆拧松。 ( )
2. 螺钉旋具的头部形状和尺寸应与螺钉尾槽相匹配,严禁用小螺钉旋具拧大螺钉,但可用大螺钉旋具拧小螺钉。 ( )
3. 电工刀传递时,只要把刀柄递到他人手上,不必把刀身折进刀柄。 ( )
4. 用扳手紧固和松动螺母时,逆时针拧紧,顺时针旋出。 ( )
5. 活扳手不可反用,以免损坏活络扳唇,但可用钢管接长手柄来施加较大的扳拧力矩。 ( )
6. 使用低压验电器时,须使氖管小窗背光朝向自己。 ( )
7. 使用高压验电器时要特别注意手握部位必须超过护环。 ( )
8. 验电器应每半年进行一次预防性试验。 ( )
9. 塑料软线可用钢丝钳或电工刀剖削。 ( )
10. 剖削塑料护套线时第一步是划开护套层,不过不必削去护套层。 ( )
11. 导线剖削时线芯稍有损伤无须重新剖削。 ( )
12. 剖削花线绝缘层后,最后的棉纱层须用电工刀割去。 ( )
13. 塑料软线绝缘层只能用剥线钳或钢丝钳剖削,不可用电工刀剖削。 ( )
14. 导线连接之前必须先去除绝缘层和线芯表面的氧化层。 ( )
15. 铜芯导线直线连接和"T"字分支连接时线头的处理方法相同。 ( )
16. 导线连接过程中芯线线头要抽紧,缠绕须紧密。 ( )
17. 铝和铜都是金属导线,所以铜芯导线的连接方法也适用于铝芯导线。 ( )
18. 导线绝缘层恢复后的绝缘强度不应低于原有的绝缘强度。 ( )
19. 裸导线用于6 kV及以上的高压架空线路。 ( )
20. 如果计算出的导线截面的负荷电流超过了允许载流量,则应减小截面。 ( )

二、**单项选择题**(下列每题中有多个选项,其中只有1个是正确的,请将正确答案的代号填在横线空白处)

1. "一"字形螺钉旋具的常用规格有50 mm、100 mm、150 mm、200 mm等。电工必备的是______两种。

A. 50 mm、100 mm　　B. 100 mm、150 mm

B. 150 mm、200 mm　　D. 50 mm、150 mm

2. 电工钢丝钳的______,可用来钳夹和弯绞导线。

A. 钳口　　B. 齿口　　C. 刀口　　D. 铡口

3. ______钳头较短,只有刀口,专供剪断较粗的金属丝、线材及电线电缆等。

A. 钢丝钳　　B. 剥线钳　　C. 尖嘴钳　　D. 斜口钳

4. 用扳手扳动大螺母时,要扳动起来省劲,手应靠手柄______。

A. 首端　　B. 中间　　C. 末端　　D. 无所谓

5. 尖嘴钳绝缘柄的耐压等级为______V。

A. 100　　B. 220　　C. 380　　D. 500

6. 低压验电器是检测电压范围为____V的电气设备是否带电的一种常用工具。

A. 0～36　　B. 50～220　　C. 220～380　　D. 50～500

7. 常用的导线按用途不同分为电磁线和电力线,电力线又分为裸导线和______。

A. 丝包线　　B. 绝缘导线　　C. 单股线　　D. 纸包线

8. 导线截面积在______mm^2及以下为单股线。

A. 4　　B. 6　　C. 8　　D. 10

9. 线芯截面积为4 mm^2及以下的塑料硬线,一般用______进行剖削。

A. 钢丝钳　　B. 电工刀　　C. 剥线钳　　D. 剪刀

10. 线芯截面积大于______mm^2的塑料硬线,可用电工刀来剖削绝缘层。

A. 4　　B. 6　　C. 8　　D. 10

11. 塑料护套线的绝缘层必须用______剖削。

A. 钢丝钳　　B. 电工刀　　C. 剥线钳　　D. 剪刀

12. 导线连接后接头的机械强度不应小于该导线机械强度的______。

A. 60%　　B. 70%　　C. 80%　　D. 90%

13. 7股铜芯导线直线连接时,将除去绝缘层及氧化层的两根线头分别散开并拉直后,应在靠近绝缘层的______线芯处将该段线芯绞紧,把余下的______线头分散成伞状。

A. 1/4;3/4　　B. 1/3;2/3　　C. 1/2;1/2　　D. 2/3;1/3

14. 导线与用电器或电气设备之间,常用______连接。

A. 直线　　B. T字分支　　C. 螺钉压接法　　D. 接线柱

15. 通常选用带宽______mm的黄蜡带或黑胶带。

A. 10　　B. 20　　C. 30　　D. 40

16. 恢复导线绝缘层时,绝缘带缠绕采用斜叠法,每圈压叠带宽的______。

A. 1/4　　B. 1/3　　C. 1/2　　D. 2/3

17. 正常情况下三相四线制中性线截面不得小于相线截面的______%。

A. 50　　B. 60　　C. 80　　D. 100

18. ______熔断器具有快速动作性,一般作为半导体整流元件保护用。

A. 螺旋式　　B. 有填料管式　　C. 无填料管式　　D. 有填料封闭管式

19. 照明电路中熔体额定电流是被保护电路上所有照明电器工作电流之和的____倍。

A. 1　　B. 1.5～2　　C. 1.5～2.5　　D. 1.0～1.5

20. 考虑机械强度的要求，一般情况下主干线铝芯截面不小于______mm²。

A. 10　　B. 16　　C. 25　　D. 35

三、技能试题

1. 低压验电器(电笔)的使用

(1)内容及操作要求

①区别相线与零线。

②区别直流电与交流电。

③区别直流电的正、负极。

④识别导线间是同相还是异相。

(2)准备工作

设备、工具、仪表及器材的准备：低压验电器、直流稳压电源、三相四线制交流电源、橡皮绝缘势、劳保用品等。

(3)考核时限：15 min

(4)评分项目及标准

项目及标准

项目	考核要点	配分	评分标准	扣分	得分
用前检查	1. 掌握电笔的正确握法 2. 电笔使用前做检查	30分	1. 握笔方法不正确扣5～10分 2. 电笔使用前未做检查扣20分		
用途测试	1. 正确区分相线与零线 2. 正确区分直流电与交流电 3. 正确区分直流电的正、负极 4. 正确识别导线是否为同相	60分	1. 不能区分相线与零线扣15分 2. 不能区分直流电与交流电扣15分 3. 不能区分直流电的正、负极扣15分 4. 不能识别导线是否为同相扣15分		
安全生产	1. 遵守操作规程 2. 劳保用品穿戴整齐	10分	违反一次扣10分		
合计		100分			

2. 导线的连接及连接后的绝缘恢复

(1)内容及操作要求

①用2.5 mm²的单股铜芯线各做一个直线连接和T字分支连接，并恢复其绝缘。

②用10 mm²的7股铜芯线各做一个直线连接和T字分支连接，并恢复其绝缘。

③考核时，待接头连接好评分后，再做绝缘恢复。导线连接要求缠绕方法正确，紧密、整齐，恢复绝缘后的绝缘性能良好。

④若无铜芯导线可用铝芯导线代替。

(2)准备工作

①材料准备：2.5 mm^2的铜芯线（或铝芯线）0.5 m、10 mm^2的7股铜芯线（或铝芯线）1 m、黄蜡带和绝缘黑胶带、劳保用品等。

②设备、工具及量具准备：电工常用工具。

(3)考核时限60 min

(4)评分项目及标准

评分项目及标准

项目	考核要点	配分	评分标准	扣分	得分
绝缘层的剖削	剖削导线绝缘层方法正确，不损伤线芯	20分	1. 导线绝缘层剖削不正确扣10分 2. 损坏线芯，每根线芯扣2分		
导线的连接	连接牢固、整齐、规范	60分	1. 导线缠绕方法不正确扣5～10分 2. 缠绕圈数不够扣2～5分 3. 缠绕不整齐扣5～15分 4. 连接不紧扣5～15分 5. 连接处变形扣5～15分		
绝缘恢复	包缠方法正确，叠压严密	20分	1. 包缠方法不正确扣10分 2. 绝缘层叠压不够扣10分		
安全生产	安全文明生产，劳保用品穿戴整齐		每违反一次从总分中扣10分		
合计		100分			

四、思考与练习

1. 直径为4 mm的“十”字槽螺钉应选用哪种型号的螺钉旋具？

2. 用钢丝钳剪切带电导线时，为什么必须单根进行？

3. 剥削导线通常选用哪些工具？如何使用该工具？

4. 分别用剥线钳和电工刀剖削导线。

5. 用不同规格的扳手拧松和旋紧螺母。

6. 用低压验电器测试电饭煲、电冰箱是否漏电。

项目四

照明与动力线路的安装

照明与动力线路的安装统称室内布线，是指对室内电器的供电电路和控制电路的安装，包括室内导线的敷设，对导线支持、固定、保护配件的安装，电器的安装等。要确保线路正常工作。照明与动力线路的安装是电气装修人员必须掌握的专业技能。

知识目标

1.了解常用灯具的工作原理；

2.熟悉照明线路敷设的一般要求与操作步骤；

3.熟悉配电装置的简单设计。

技能目标

1.掌握常用灯具的安装；

2.掌握导线敷设的基本操作。

任务一　塑料护套线的设计与安装

护套线包括三种：塑料护套线、橡胶护套线和铅包线。目前使用的均为塑料护套线，它适用于户内、外，可直接敷设在空心楼板内和建筑物表面，用钢精轧片或塑料卡作为导线的支撑物。塑料护套线耐潮性能好、抗腐蚀能力强、施工方法简单、维修方便、成本低。基于上述优点，目前一般电气照明电路安装时均采用塑料护套线布线。

知识一　设计工艺要求

一、塑料护套线截面积的选择

户内使用时，铜芯应大于0.5 mm^2，铝芯应大于1.5 mm^2；户外使用时铜芯应大于1.5 mm^2，铝芯应大于2.5 mm^2。

二、塑料护套线的连接

采用接线盒或借用其他电器的接线端子来实现线与线的连接。

三、塑料护套线的支持和固定

必须采用专用的铝片线卡，直线部分支持点的距离应为0.15～0.2 m。

四、塑料护套线转弯时的处理

作转角布线时，转角前后各安装一片铝轧头作固定点；在同一平面上转弯时，必须保持垂直，转角处的曲率半径是塑料护套线直径的3～4倍。

五、线路的高度

线路与地面的距离应保持在0.15 m以上，如果小于0.15 m或穿越楼板时，都要加保护线管。

知识二　塑料护套线的安装步骤

一、定位画线

根据各电器的安装位置，确定好线路的走向，用弹线袋画线，然后每隔150～200 mm确定一个铝片线卡的位置。在距离开关、插座、灯具或接线盒边缘50 mm处，也要求设置线卡位置。具体要求如图4-1-1所示。

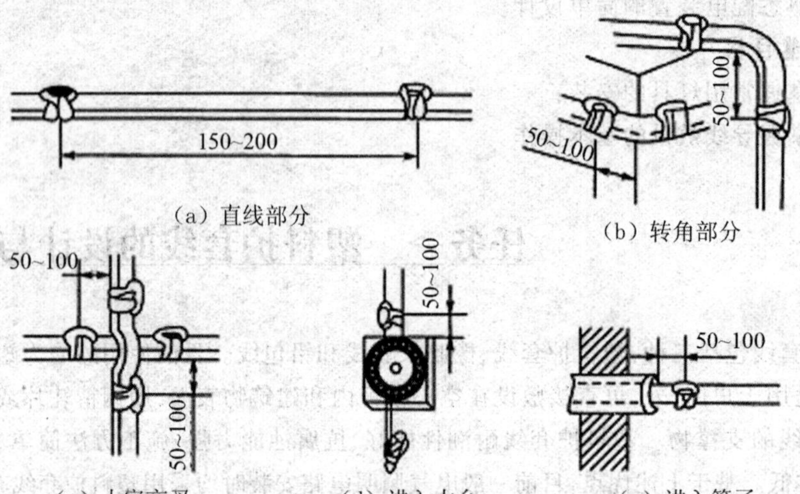

(a) 直线部分　(b) 转角部分　(c) 十字交叉　(d) 进入木台　(e) 进入管子

图4-1-1

二、线卡的固定

在已经设置好的线卡位置上固定铝片线卡，根据线路敷设的墙面或建筑物的表面硬度，确定是否用冲击钻打眼，埋设木棒。

三、放线

在放线时需要两个人合作进行，一个人把整盘线套入双手中，另一个人将导线的一端向前直拉。放出的导线不得在地上拖拉,以免损伤护套层。

四、敷设

先在地面拉直塑料护套线,塑料护套线的敷设必须横平竖直,多根导线平行敷设,线与线之间不留空隙。为了使塑料护套线平直,敷设过程中常采用勒直和收紧的方法。敷设直线部分时,先固定一端,拉紧塑料护套线使线路平直后再固定另一端,最后固定中间段。转弯时,圆弧不能过小,转弯前后各固定一个线卡,两线交叉处要固定4个线卡。

五、铝片线卡的夹持

塑料护套线均置于铝片的钉孔位后,可按图4-1-2所示方法用铝片线卡夹持护套线。

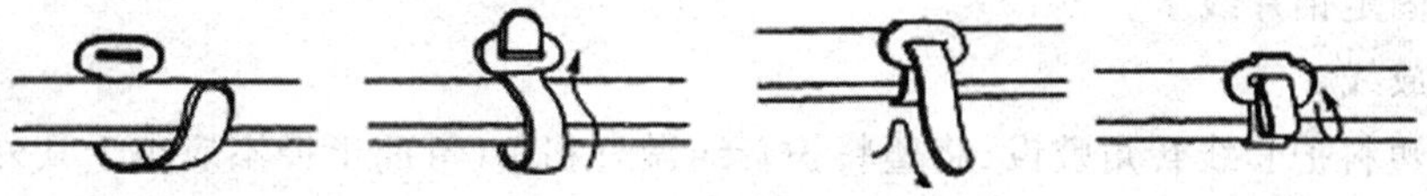

(a)　(b)　(c)　(d)

图4-1-2

六、护套线的连接

采用接线盒或借助其他电器的接线端子,其具体方法如图4-1-3所示。

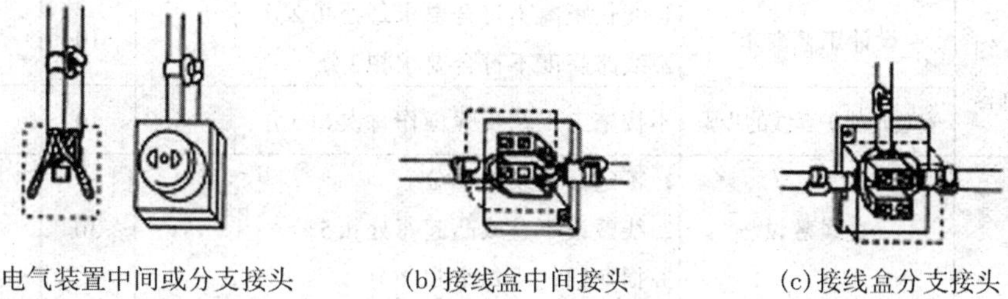

(a) 电气装置中间或分支接头　(b)接线盒中间接头　(c)接线盒分支接头

图4-1-3

七、修整

用锤子柄部等木制工具对塑料护套线进行敲平修整。

实训　塑料护套线配线

一、实训目的

1. 了解设计工艺要求。
2. 掌握配线步骤。

二、实训所需器材

常用电工工具、錾口锤子、配线板、塑料护套线、铝片线卡、木楔、瓷夹、接线盒等。

三、实训内容

1. 塑料护套线的直线敷设。
2. 塑料护套线的拐角敷设。
3. 塑料护套线的十字交叉敷设。

四、实训步骤及要点

在电工模拟房完成塑料护套线明敷设的任务，具体步骤如下。

1. 确定线路走向，并按塑料护套线的安装要求画出固定铝片线卡的位置。

2. 凿打整个线路中的木楔孔并安装削制好的木楔。

3. 固定铝片线卡。

4. 放线。

5. 塑料护套线转角敷设，将塑料护套线做好拐角（弯曲半径不应小于其外径的3倍），然后夹持好铝轧片。

6. 塑料护套线十字交叉敷设，先敷设横线，然后敷设竖线，做到横平竖直。

检测与评估

检测项目		评分标准	分值	学生自评	教师评估
任务知识内容	设计工艺要求	1. 线长距离不符合要求每处扣2分 2. 线路高度不符合要求扣3分	10		
	安装塑料护套线的步骤	不按施工工艺步骤操作每次扣5分	10		
任务操作技能	直线敷设	1. 不定位画线扣5分 2. 线敷设不直或凸起每处扣5分 3. 损坏铝轧头每个扣2分	30		
	拐角敷设	1. 拐角半径不符合要求每个扣10分 2. 拐弯轧头距离大于100 mm每处扣5分	25		
	十字交叉敷设	十字交叉轧头距离大于100 mm每处扣5分	25		
	安全文明生产	违反安全文明生产操作规程从总分中扣5～10分			
	定额时间1.5 h	每超时10 min扣5分			
	备注	除定额时间外，各项目的最高扣分不超过配分			
开始时间		结束时间	实际时间		

任务二　槽板布线的设计与安装

槽板布线是明敷布线的一种形式，应用于室内低压配电及电信、数据通信、计算机网络等弱电布线。目前，PVC阻燃槽板和塑料槽板已取代了木槽板，槽板由底板和盖板两部分组成。把电线放入槽中，盖板放在底板（又叫槽板）上，用力一推，盖板即可牢牢地扣住底板；用手一掰，盖板即可脱开底板，安装、维修都很方便。

知识一　槽板布线的安装步骤

一、画线定位

1. 画出槽板的走向线，做到横平竖直，与房间的轮廓线平行，最好沿踢脚线、横梁、墙角等隐蔽处，槽板不能敷设在天花板上。

2. 标出槽板固定点的位置。底板固定点间的直线距离不大于500 mm，起始、终端、转角、分支等处固定点间的距离不大于50 mm。在固定点上用冲击钻钻一个深度小于100 mm的孔，直径与塑料胀管的直径相对应。

二、槽板的拼接

槽板的拼接可分为对接、转角拼接和T形拼接等，但无论哪种拼接，接头部位都应锯成45°，如图4-2-1所示。

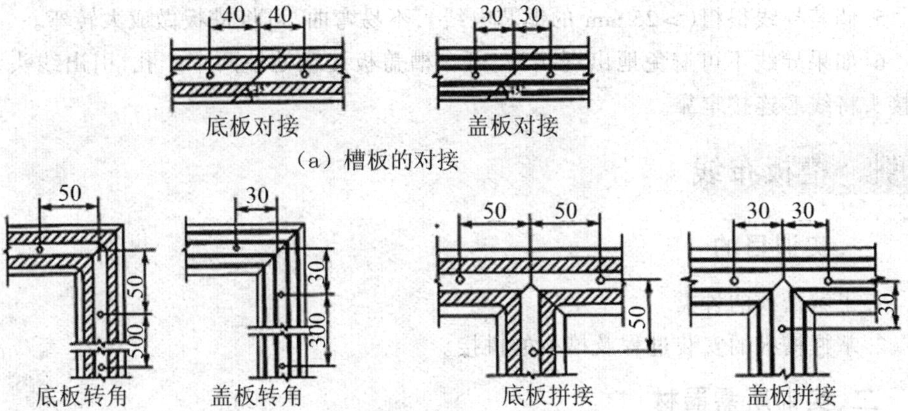

图4-2-1

三、槽板的安装

将槽板的底板用螺钉固定在画线位置的胀管处，槽板的设置必须平直，底板与盖板的拼接口要错开。

四、导线敷设

1. 同一回路的导线敷设在同一槽板中。

2. 槽板内的导线不能有接头。若必须有接头和分支，接头处应设分线盒。

3. 同一网络的导线要捆扎成束，在槽板的始端、末端、接线盒、转角处要设网络名称标记，对于单根导线也要在上述位置设名称标记。

4. 当线路较长时，每隔一定距离，导线要采取加固措施；对于网络的槽板布线，内设挂钩，可将网络线扎成束挂在挂钩上。

五、固定盖板

固定时多用钉子将盖板钉在底板的中棱上。钉子与钉子之间的距离，直线部分不应大于300 mm；离起点、分支、接头和终端等的距离不应大于30 mm。盖板的拼接方式与底板的拼接方式相同。

知识二　槽板布线的注意事项

1. 在安装6 mm^2以上的电线时，安装底板前需在墙壁上预埋木榫或木砖，然后用木螺钉将底板固定牢靠。

2. 槽板不够长时，可以对接，但应将盖板的斜切口与底板的接口错开。

3. 槽板内敷设的电线必须是绝缘电线。选用槽板的大小，依据所容纳导线的粗细、多寡确定，必要时可用线试一下，尤其要注意转弯处能否引线自如。

4. 槽板底板与盖板对接处应错开，可避免槽板翘起。

5. 倘若导线很粗（>25 mm^2的铜芯电线），不易弯曲，可将槽板做成大转弯。

6. 如果导线不可避免地出现接头，可在槽盖板接缝处钻两个小孔，引出线头，用瓷接头将线芯连接牢靠。

实训　槽板布线

一、实训目的

1. 了解槽板的种类。

2. 掌握槽板的安装过程及槽板的拼接。

二、实训所需器材

1. 工具：常用电工工具、冲击钻、锯弓、粉线袋或长刻度尺。

2. 器材：双线或三线槽板、绝缘导线、木棒、膨胀螺栓、穿墙套管、绕有铁丝的木螺钉。

三、实训内容

1. 槽板的拼接。

2. 槽板布线。

四、实训步骤及要点

1. 根据电路要求，按图示电路的走向在电工模拟房画出槽板敷设线路，确定并标明电气设备的位置。

2. 凿孔并预埋木榫、膨胀螺栓、绕有铁丝的木螺钉和穿墙套管等。

3. 用钉子、木螺钉或膨胀螺栓等将槽板固定在预埋件上。按线路的不同走向，槽板的拼接有对接、转角拼接、T形拼接、十字对接等几种方法。

4. 槽板底板固定完毕，沿着槽板线槽敷设导线。

5. 固定盖板。在线路安装中，固定盖板与敷线应同时进行。边敷线边将盖板固定在底板上。

五、注意事项

1. 定位画线时，最好用装有颜色粉的粉线袋或长刻度尺，在建筑物上画出槽板中心线，并在固定点注明记号。

2. 若导线线头位于开关板、配电箱内，则应根据实际需要的长度留出余量，并在线端做好记号，以便接线时识别。

3. 固定时钉子要垂直进入，否则会伤及导线。

4. 钉子或木螺钉等的长度不应小于槽板厚度的1.5倍。

检测与评估

<table>
<tr><th colspan="2">检测项目</th><th colspan="2">评分标准</th><th>分值</th><th>学生
自评</th><th>教师
评估</th></tr>
<tr><td rowspan="9">任务操作技能</td><td>槽板切割</td><td colspan="2">切割成的板子对接缝不吻合扣5分</td><td>20</td><td></td><td></td></tr>
<tr><td>槽板敷设</td><td colspan="2">不符合槽板敷设平直、接口紧密、整齐要求每处扣5分</td><td>10</td><td></td><td></td></tr>
<tr><td>槽板对接</td><td colspan="2">盖板斜切口与底板接口未错开扣7分</td><td>10</td><td></td><td></td></tr>
<tr><td>槽板转角拼接</td><td colspan="2">1. 横槽板与竖槽板未垂直每处扣5分
2. 导线在同一平面转弯时，底板与盖板吻合缝不成45°角每处扣5分</td><td>10</td><td></td><td></td></tr>
<tr><td>槽板T形拼接</td><td colspan="2">1. T形拼接处不垂直每处扣5分
2. 对接处应呈“人”字形，斜缝对称，如偏向一边每处扣5分</td><td>10</td><td></td><td></td></tr>
<tr><td>导线敷设</td><td colspan="2">槽内导线受挤压，出现接头，每处扣5分</td><td>10</td><td></td><td></td></tr>
<tr><td>安全文明生产</td><td colspan="2">1. 损坏槽板酌情扣2～5分
2. 不清理场地扣10分</td><td>10</td><td></td><td></td></tr>
<tr><td>定额时间2 h</td><td colspan="2">每超时10 min扣5分</td><td></td><td></td><td></td></tr>
<tr><td>备注</td><td colspan="2">除定额时间外，各项目的最高扣分不超过配分</td><td></td><td></td><td></td></tr>
<tr><td>开始时间</td><td></td><td>结束时间</td><td></td><td>实际时间</td><td colspan="2"></td></tr>
</table>

任务三 PVC管线路的简单设计与安装

PVC阻燃电线套管简称PVC线管，是近些年兴起的一种新型布线管。它具有优异的耐腐蚀性和耐化学性，对酸、碱类均有良好的抗拒性，能阻止燃烧，也不自燃，因而特别适宜于电气布线。其配线方式分为明敷和暗敷两种。明敷要求美观，暗敷可走捷径，以“省管、省线、不露线”为原则。下面以明敷为例，说明PVC管布线的设计与安装步骤。

知识一 PVC管线路的简单设计与安装

一、安装步骤

1. 画线定位

根据电气设备的安装位置，进行画线定位。要求横平竖直，转弯成直角，穿墙须垂直。

2. 设计与购料

(1)PVC管呈圆形，规格从小到大，有ϕ6 mm、ϕ10 mm、ϕ15 mm、ϕ20 mm、ϕ30 mm、ϕ40 mm、ϕ50 mm等。

(2)PVC管还有多种与它配套的阻燃接头，如“直接”、“大小三通”、“大小头”、“弯头”、“等粗三通”等。

3. PVC阻燃管的切割

小口径的管子，用电工刀割一圈，手一掰就断；粗管用钢锯锯断。

4. PVC管的直接

(1)相同直径的PVC管的直接：将两管口倒外角后，取同直径的“直接”，将待接两管插入。

(2)大小管的直接：将大、小管管口外角倒角后，取大小头，按口径插入。

5. PVC管穿线

PVC管内壁十分光滑，穿线很容易。可在穿线前穿入一根铁丝，然后将电线头与铁丝接好，拉铁丝就可带动电线出来。

6. PVC管在墙壁上的固定

用“Ω”形卡和“Z”字卡，将PVC阻燃管沿墙明敷，用水泥钉钉牢。如图4-3-1所示为PVC管安装实物图。

(a) 直接 (b) 等粗三通 (c) 弯头

图4-3-1

二、注意事项

1. 等粗三通接线时,要留足空间以利穿电线。

2. 穿线前可在管口放一把滑石粉。

知识二 管线的弯曲

管线的弯曲方法一般有冷弯法和热弯法两种。钢管一般采用冷弯法。硬质塑料管一般采用热弯法。

一、管线的冷弯操作方法

可采用电动弯管机或液压弯管机。直径50 mm以下的钢管也可采用手扳弯管器。先将钢管需要弯曲的部位前端放在弯管器内,再用脚踩住钢管,手扳弯管器柄,稍加一定压力,逐点移动弯管器,使钢管弯成所需的弯曲半径。

二、管线的热弯操作方法

对于直径小于等于20 mm的硬塑料管,加热时,将待弯曲部分在热源上一边前后移动,一边匀速转动,使其受热均匀。加热时注意不能将管烤伤、烤变色。待管子软化后,趁热在木模上弯曲。对于直径在50 mm以上的管子,为防止弯曲后变形(弯扁),可在管内充填干沙子,两端用木塞塞住,用同样方法进行局部加热后再进行操作。管子冷却后倒出砂子即可使用。

实训 PVC管布线

一、实训目的

1. 了解PVC管的规格与接头。

2. 学会PVC管的安装方法。

二、实训所需器材

1. 工具:常用电工工具、钢锯、粉线袋、长刻度尺。

2. 器材:PVC管若干、PVC管接头若干、绝缘导线、水泥针、膨胀螺栓、铁钉。

三、实训内容

1. 了解PVC管的规格。

2. PVC管布线。

四、实训步骤及要点

在模拟场地完成PVC管线路明敷设的实训任务,具体步骤如下。

1. 画线定位。

2. PVC管切割。

3. PVC管直接。

4. PVC管穿电线。

5. PVC管的固定。

检测与评估

检测项目		评分标准	分值	学生自评	教师评估
任务知识内容	了解PVC管的规格类型	不能识别PVC管规格每个扣5分	10		
	认识接头类型	不清楚接头名称与作用每个扣5分	10		
任务操作技能	PVC管切割	切口不平整、不光滑扣5分	20		
	PVC管直接	1. 同直径管子直接,接口不紧密、不整齐,每处扣5分 2. 大小管直接,接口不紧密、不整齐,每处扣5分 3. 等粗三通连接,接口不紧密、不整齐,每处扣5分	50		
	导线敷设	穿线时不按规范操作,扣5分	10		
	安全文明生产	违反安全文明生产操作规程从总分中扣5~10分			
	定额时间1.5 h	每超时10 min扣5分			
	备注	除定额时间外,各项目的最高扣分不超过配分			
开始时间		结束时间		实际时间	

任务四 节能灯线路的安装

节能灯是目前最常用的一种电光源。它的体积小巧美观,灯头规格使用条件与普通白炽灯泡基本相同,所以可直接代替普通白炽灯泡使用。节能灯集日光灯节电、长寿命和白炽灯体积小、显色好、使用简便等优点为一身,是现代室内照明的典型光源。

插座是为移动照明电器、家用电器等其他用电设备提供电源的元件。

知识 节能灯线路的安装

通常情况下,灯具的安装高度室外不低于3 m,室内不低于2.4 m。室内照明开关安装在门边便于操作的位置上,拉线开关距离地面2.3 m,跷板暗装开关距离地面1.3 m,与门框的距离为150～200 mm。

一、圆木(木台)的安装

先加工圆木,在圆木表面上用电钻钻出三个孔,孔的大小根据导线的截面积来确定,一般为$\phi3$～$\phi4$ mm。如果是护套明配线,应在圆木正对护套线的一面锯出一个豁口,将护套线卡入圆木的豁口中,用木螺钉穿过圆木,并将其固定在预埋木桩上,如图4-4-1所示。

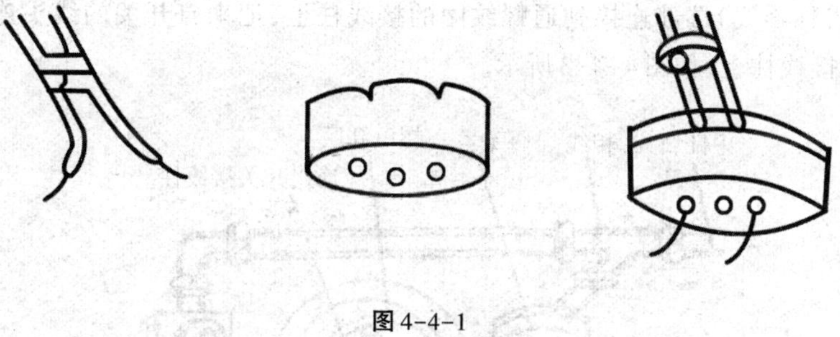

图4-4-1

二、挂线盒的安装

1. 将圆木上的导线端部从挂线盒底座中穿出,用木螺钉紧固在圆木上,如图4-4-2(a)所示。

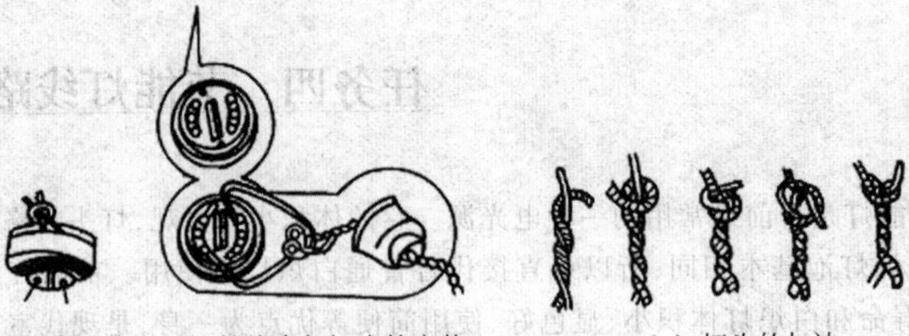

（a）固定挂线盒 （b）挂线盒与灯头的安装 （c）灯头的扣法

图 4-4-2

2. 将伸出挂线盒底座的导线端都剥去 15～20 mm 的绝缘层，弯成接线圈后，分别压接在挂线盒的两个接线柱上。

3. 根据灯具安装高度的要求，取一段塑料花线作为挂线盒与灯头之间的连接线，上端与挂线盒内的接线柱相连接；下端连接到灯头接线柱上，如图 4-4-2(b) 所示。

4. 吊灯电源线进入挂线盒盖后，在距离接线端头 40～50 mm 处打一个灯头扣，如图 4-4-2(c) 所示，这个结扣正好卡在挂线盒里，承受悬吊部分灯具的重量。

三、灯座的安装

1. 平灯座的安装

平灯座上有两个接线柱，一个与电源的中性线(N)连接，另一个与来自开关的相线连接。插口平灯座上的两个接线柱可任意连接，而对于螺口平灯座，必须把电源中性线(俗称零线)端部连接到通螺纹圈的接线柱上，把来自开关的线头连接到通中心簧片的接线柱上，如图 4-4-3 所示。

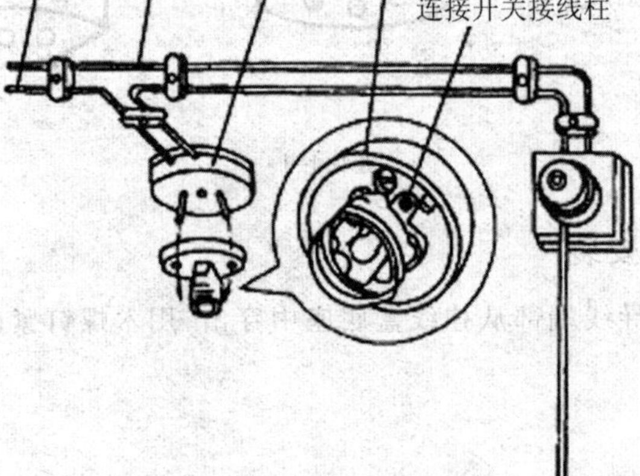

图 4-4-3

2. 吊灯座的安装

安装吊灯座时必须用两根绞合的塑料软线或花线作为与挂线盒的连接线。将导线两端的绝缘层削去,并把线芯绞紧。如图4-4-4(a)所示,先把上端导线穿入挂线盒,并在盒罩孔内打结穿入挂线盒底座1的两个倒孔里,再分别连接到两个接线柱上,旋上罩盖3。然后如图4-4-4(b)所示,将下端导线穿入吊灯座盖4的孔内并打结,最后把接线端分别接在灯头的两个接线柱上,并罩上灯头座盖。安装好的吊灯如图4-4-4(c)所示,一般规定节能灯的高度为距离地面2.5 m,也可以成人伸手向上碰不到为准,且灯头线不宜过长,也不应打结。

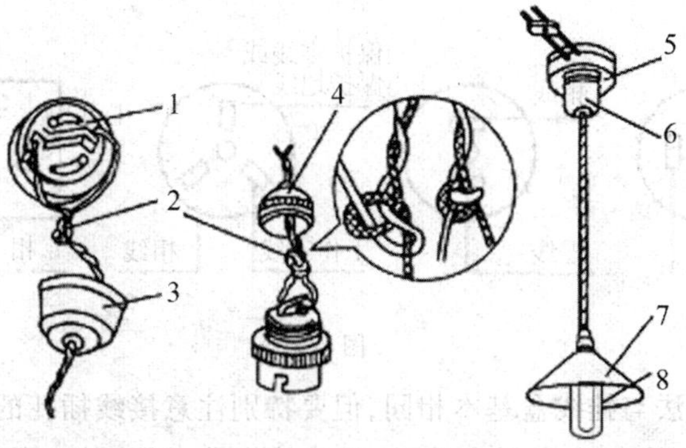

(a) 接线盒内接线　(b) 吊灯座安装　(c) 装成的吊灯

图4-4-4

四、开关的安装

开关一定要接在电源的相线上,即相线先通过开关才进灯头。这样在开关切断后,灯头不会带电,保证使用、维修的安全。

1. 单联开关

应装在木台上,并加以固定。木台中的线头,一根是电源相线,另一根是进入灯头的相线。将木台固定在打有木榫的墙上,用木螺钉固定开关底座,使开关底座位于木台的中间,固定好底座后,将两个导线线头分别接在开关底座的两个接线端上,旋上开关盖子即可。

2. 卡线式暗装开关

一般是在预埋好的铁制或塑料安装盒上进行安装,方法是:将来自电源的一根相线接在开关静触点的接线端子上,将连接灯头的一根线接在动触点的接线端子上。如果是双极或多极开关,将来自电源的一根相线连通所有开关的静触点接线端子,并将各灯头的线分别接在各开关的动触点接线端子上,再将开关分别固定在安装盒上,最后用螺钉固定盖板即可。

3. 跷板式暗装开关

一般接上端为开灯,接下端为关灯;扳式暗装开关,扳把向上为开灯,向下为关灯。

五、插座的安装

1. 安装一般要求

一般情况下，明插座的安装高度应为距离地面1.4 m。在托儿所、幼儿园、小学等场所明插座的安装高度应不低于1.8 m；暗装插座应距离地面300 mm。同一场所安装插座的高度应保持一致，其高度差应不大于5 mm，几个插座成排安装高度差应不大于2 mm。

2. 插座的安装

接线方法如图4-4-5所示。

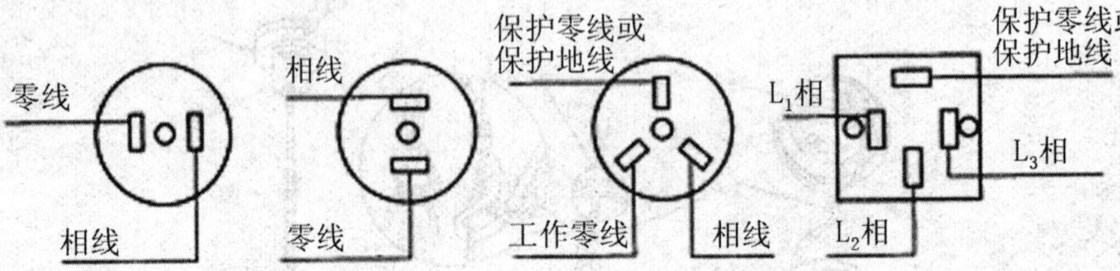

图4-4-5

插座安装方法与挂线盒基本相同，但要特别注意接线插孔的极性。

(1)双孔插座在双孔水平安装时，相线接右孔，零线接左孔(即左零右火)；双孔竖直排列时，相线接上孔，零线接下孔(即下零上火)。

(2)三孔插座下边两孔是接电源线的，仍为左零右火，上边大孔接保护接地线，它的作用是一旦电气设备漏电到金属外壳时，可通过保护接地线将电流导入大地，消除触电危险。

(3)三相四孔插座，上边三个较小的孔分别接三相电源相线，下边较大的孔接保护地线，如图4-4-6所示。

图4-4-6

实训一 一只单联开关控制一盏灯线路的操作

一、实训目的

1. 了解单联开关控制节能灯线路的原理。

2. 学会线路连接。

二、实训所需器材

1. 工具：常用电工工具一套。

2. 仪表：MF47型万用表一块。

3. 器材：单联开关 220 V / 10 A、单相双极插座 220 V / 10 A、螺口平顶灯 220 V/15 W、瓷插式熔断器各一个，塑料绝缘线、塑料护套线若干。

三、实训内容

1. 认识单联开关的接线方式。

2. 完成单联开关控制一盏灯的线路连接。

四、实训步骤及要点

一只单联开关控制一盏灯的线路，如图4-4-7所示。接线步骤如下所述：

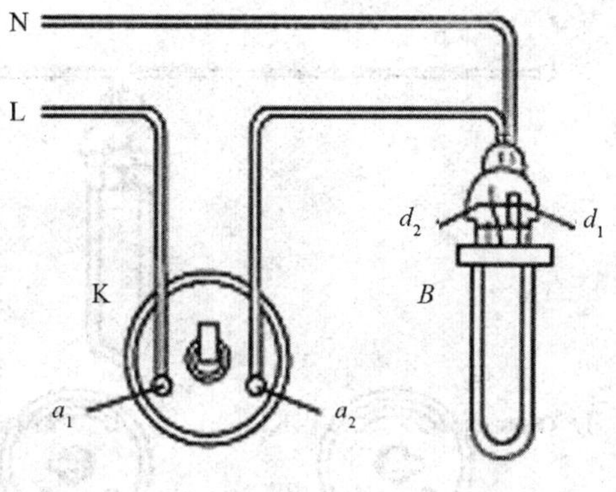

图4-4-7

1. 连接灯头的接线柱。把电源线的零线N接到灯头的接线柱d_1上。

2. 连接开关的接线柱。把电源线的相线L接到开关的接线柱a_1上。

3. 连接开关与灯头的另一接线柱。用导线连接灯头B的接线柱d_2与开关K的接线柱a_2。

五、注意事项

1. 相线和零线接开关不可接错。

2. 电路检查无误后方可通电。

实训二 两只双联开关控制一盏灯线路的操作

一、实训目的

1. 了解双联开关控制节能灯线路的原理。

2. 学会双联开关线路连接。

二、实训所需器材

1. 工具:常用电工工具一套。

2. 仪表:MF47型万用表一块。

3. 器材:与实训1基本相同,就是把单联开关换成两个双联开关即可。

三、实训内容

1. 认识双联开关的接线方式。

2. 完成双联开关控制一盏灯的线路连接。

四、实训步骤及要点

两只双联开关控制一盏灯的线路如图4-4-8所示。该线路常用于楼梯照明线路的安装。双联开关比普通开关多两个接线柱,共有三个接线柱,其中一个接线柱是用铜片连接的,如图4-4-8中K_1和K_2的接线柱②。

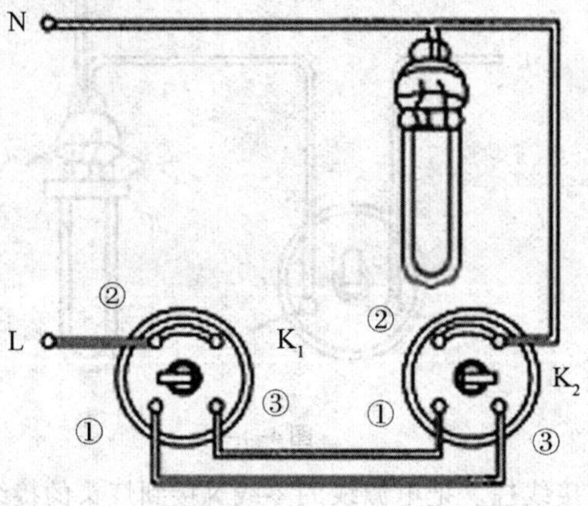

图4-4-8

两只双联开关控制一盏灯的具体接线步骤如下所述:

1. 相线L接开关K_1的接线柱②,即"相线始终接开关"。

2. 开关K_1的接线柱①、③分别接开关K_2的接线柱③、①。

3. 开关K_2的接线柱②接灯头。

4. 灯头的另一端接零线N,即"零线始终接负载(如灯具)"。

五、注意事项

1. 节能灯的额定电压要与电源电压相符。

2. 使用螺口节能灯时要把相线接在灯座的中心触点上。

3. 节能灯安装在露天场所时要使用防水灯座和灯罩。

4. 普通节能灯泡要防潮防振。

5. 吊灯座必须用两根绞合塑料软导线或花线作为与挂线盒(接线盒)的连接线。

6. 灯具安装高度达不到要求时,可采取相应的保护措施或改用36 V安全电压供电。

7. 相线始终接开关,零线始终接负载。

检测与评估

<table>
<tr><th colspan="2">检测项目</th><th colspan="2">评分标准</th><th>分值</th><th>学生自评</th><th>教师评估</th></tr>
<tr><td rowspan="2">任务知识内容</td><td>认识各类灯座、开关、插座的结构名称</td><td colspan="2">各部分名称错误每次扣5分</td><td>10</td><td></td><td></td></tr>
<tr><td>电路原理说明</td><td colspan="2">不清楚电路通断情况扣10分</td><td>10</td><td></td><td></td></tr>
<tr><td rowspan="7">任务操作技能</td><td>安装</td><td colspan="2">灯座、开关、插座、熔断器安装不牢固每处扣10分</td><td>30</td><td></td><td></td></tr>
<tr><td>接线</td><td colspan="2">接线有松动,接触不良每处扣5分</td><td>20</td><td></td><td></td></tr>
<tr><td>检查</td><td colspan="2">不会用万用表检查电路通断情况扣15分</td><td>10</td><td></td><td></td></tr>
<tr><td>通电</td><td colspan="2">电路有短路或断路故障扣20分</td><td>20</td><td></td><td></td></tr>
<tr><td>安全文明生产</td><td colspan="2">违反安全文明生产操作规程从总分中扣5～10分</td><td></td><td></td><td></td></tr>
<tr><td>定额时间3 h</td><td colspan="2">每超时10 min扣5分</td><td></td><td></td><td></td></tr>
<tr><td>备注</td><td colspan="2">除定额时间外,各项目的最高扣分不超过配分</td><td></td><td></td><td></td></tr>
<tr><td>开始时间</td><td></td><td>结束时间</td><td></td><td colspan="2">实际时间</td><td></td></tr>
</table>

任务五　荧光灯线路的安装

荧光灯俗称日光灯，是目前广泛采用的光源，具有发光效率高、寿命长等优点。在相同的功率下，它的发光效率比白炽灯高出3倍以上。

知识　荧光灯线路的安装

荧光灯由灯管、镇流器、辉光起辉器和灯架等部分组成，如图4-5-1(a)所示。荧光灯的接线如图4-5-1(b)所示。

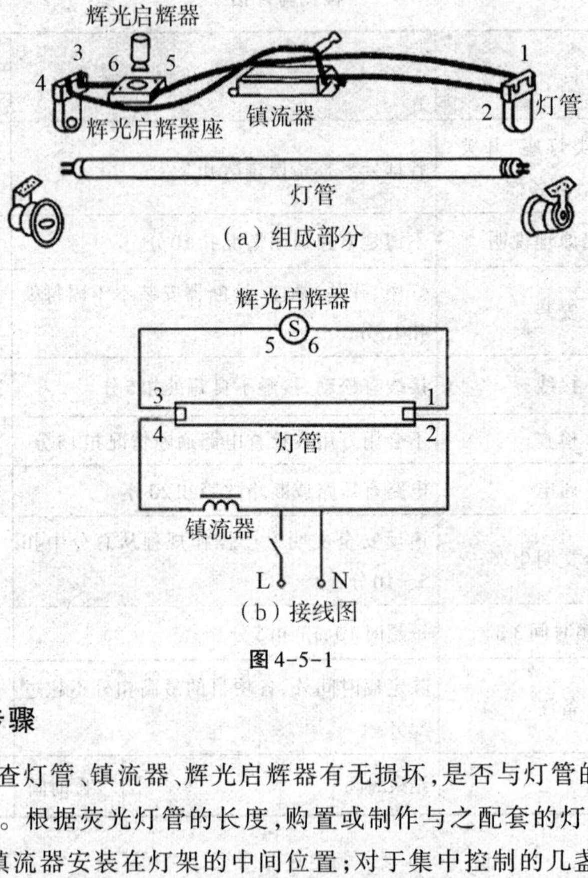

图4-5-1

一、安装步骤

1. 检查。检查灯管、镇流器、辉光启辉器有无损坏，是否与灯管的容量相符。

2. 准备灯架。根据荧光灯管的长度，购置或制作与之配套的灯架。对于分散控制的荧光灯，将镇流器安装在灯架的中间位置；对于集中控制的几盏荧光灯，几只镇流器应集中安装在控制点的一块配电板上。然后将两个灯座分别固定在灯架两端(辉光启辉器座与灯座连为一体)。辉光启辉器座是独立的，应装在灯架的另一端。灯座的中间距离要按荧光灯管长度量好，使灯管两端灯脚既能插进灯座插孔，又能有较紧的结合。

3. 对照电路图组装灯架。各配件的位置固定完毕后，按电路图接线，只有灯座是边接线边固定的。辉光启辉器座上的两个接线柱分别与两个灯座中的各个接线柱连接,两头的灯座各余下一根接线端,其中一个与电源的中性线连接,另一个与镇流器的一个出线端连接。镇流器的另一个出线端与开关的一个接线端连接,而开关的另一个接线端子与电源中的一根相线连接。接线完毕,要对电路图进行检查,以免接错。

4. 固定灯架。固定灯架的方式有吸顶式和悬吊式两种。悬吊式又可分为金属链条悬吊和钢管悬吊两种。安装前首先应在设计好的固定点打孔预埋合适的紧固件,然后将灯架固定在紧固件上,把荧光灯管装入灯座,最后把辉光启辉器旋入底座。

对于插入式灯座,应先将灯管一端灯脚插入带弹簧的一个灯座,稍用力使弹簧灯座活动部分向外退出一小段距离,另一端顺势插入不带弹簧的灯座。

对于开启式灯座,先将灯管两端灯脚同时卡入灯座的开缝中,再用手握住灯管两端旋转1/4圈,灯管的两个引出脚即被弹簧片卡住使电路接通。

5. 安装开关、熔断器等,按节能灯方法进行接线。

6. 检查无误后,即可通电试用。

二、注意事项

1. 辉光启辉器插入辉光启辉器座时,顺时针拧进,逆时针拧出。

2. 灯管插入灯座,向左或向右旋动即可。若灯座带有弹簧,先将灯管向有弹簧的一端插入,压进灯座内后再把灯管的另一端对准另一灯座,松手便自动进入了灯座内。

3. 荧光灯的附属金属部件应进行防腐处理,原来处理好的灯架须涂樟丹油一道、油漆两道。

4. 荧光灯暗装时,其附件装设位置应便于维护检修。

5. 荧光灯自重超过1 kg时,应采用吊链,载流导线不能承受重力。

6. 镇流器和辉光启辉器应与灯管的容量相符。

7. 荧光灯应有专用的配套灯座。采用插入式灯座时,灯座要有一定的压缩弹力,压缩行程不小于10 mm,且有70°～150°的偏斜角度;采用旋转式灯座时,灯座应具有一定的扭转力矩,以免接触不良。

8. 在接线端子上连接导线时,线头应沿顺时针方向绕螺钉一圈,用螺钉旋紧,并注意裸线圈之间不能相碰。

9. 组装灯具应检查灯管、镇流器、辉光启辉器、灯座等有无损坏,是否相互配套。

实训　荧光灯控制线路的安装与维修

一、实训目的

1. 了解荧光灯的结构及各部分作用。

2. 荧光灯控制线路的连接。

二、实训所需器材

1. 工具：常用电工工具一套。

2. 仪表：MF47型万用表一块。

3. 器材：荧光灯架、灯管、镇流器、辉光启辉器、电容器(4.75 pF)各一个，灯管座、辉光启辉器座一副，螺钉、双芯软线、胶布若干。

三、实训内容

1. 荧光灯控制线路的连接。

2. 用万用表检查测量荧光灯控制线路。

四、实训步骤及要点

悬挂式荧光灯架通常是用0.5～0.7 mm厚的钢板轧制而成的(市售产品)。也可就地取材，用木板制成一个槽板灯架，灯架的长度应依灯管长度来确定，如图4-5-2所示。

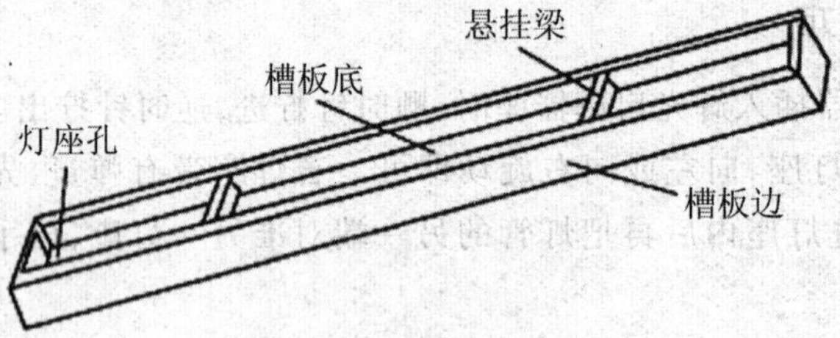

图4-5-2

荧光灯控制线路的安装步骤如下：

1. 将荧光灯管的两只灯座固定在灯架两端，再把辉光启辉器座固定在灯架槽板边上，同时把穿线孔钻好。将两根单根塑料导线分别与辉光启辉器座的两接线柱连接，其另一端分别与灯架两端的灯座连接，如图4-5-3所示。

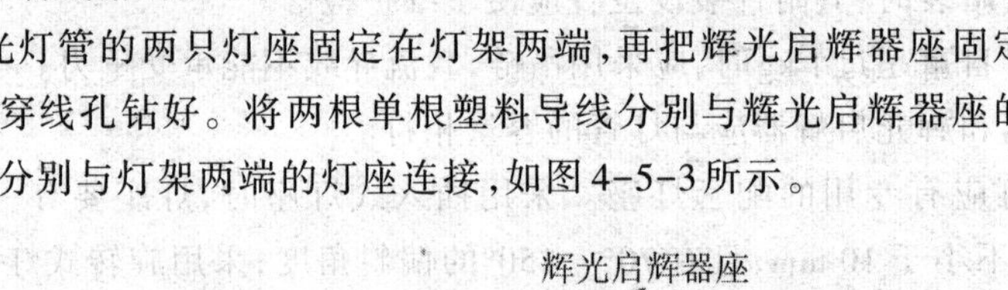

图4-5-3

2. 把镇流器用木螺钉固定在灯架槽板上，将镇流器的一根线与左边灯座接线柱连接，如图4-5-4所示。

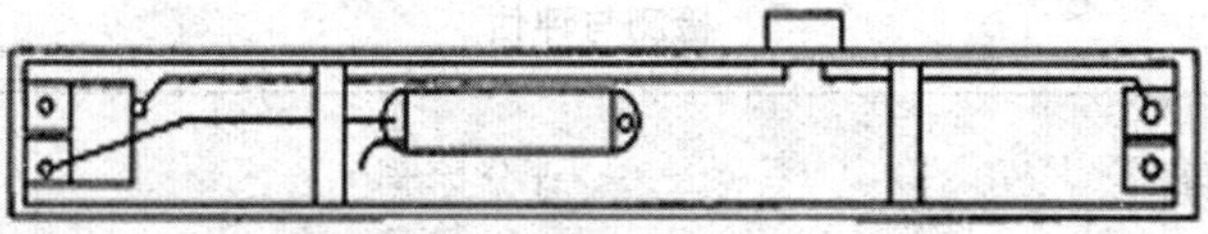

图 4-5-4

3. 把电源的中性线与右边的灯座接线柱连接后，引到镇流器旁，与镇流器的另一根引线一同引出。其中，镇流器的另一根引线接到开关。

4. 把辉光启辉器插入辉光启辉器座。方法是：先把启辉器直接插入辉光启辉器座中，然后将辉光启辉器沿顺时针方向旋拧即可。

5. 接开关和接中性线是通过吊线盒，将小挂钩拧在天花板上，用链条将灯架挂在小挂钩上，如图 4-5-5 所示。

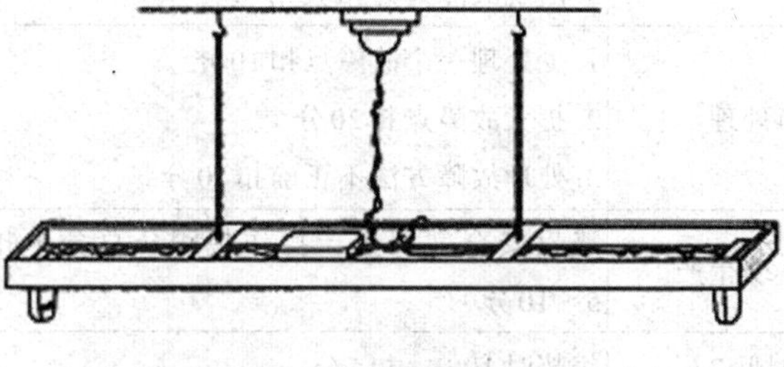

图 4-5-5

6. 装上灯管，如图 4-5-6 所示，安装结束。灯管插入灯座，向左或向右旋动即可。有的灯座带有弹簧，先将灯管向有弹簧的灯座插入，压进灯座内后再把灯管的另一端对准另一灯座，松手便自动进入了灯座内。

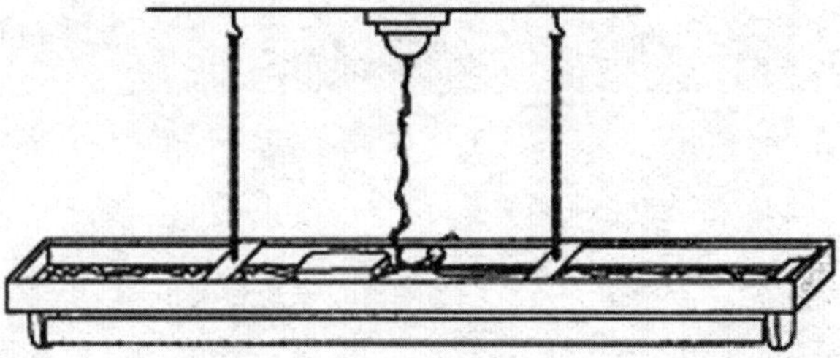

图 4-5-6

7. 检查电路接线是否正确。

8. 电路无误，通电试验。

9. 老师在已装好的电路中设置两个故障点。

10. 检修故障。

五、注意事项

1. 荧光灯电源是 220 V 的市电，要注意安全。接线时应先断开电源的总开关。

2. 训练时,要注意相线和零线的连接。

检测与评估

检测项目		评分标准	分值	学生自评	教师评估
任务知识内容	认识荧光灯电路组件	不认识电路组件每个扣5分	10		
	识读电路图	不能根据电路图找出对应实物,每个扣5分	10		
任务操作技能	安装和接线	1. 镇流器、电容器、辉光启辉器安装正确、牢固,不符合要求每个扣5分 2. 接线正确,接触良好,每错一处扣5分	40		
	检查通电	1. 检查方法不对扣10分 2. 线路检查不够认真扣5分 3. 出现故障每处扣10分	20		
	故障处理	1. 少处理一个故障点扣10分 2. 扩大故障点扣20分 3. 处理故障方法不正确扣10分	20		
	安全文明生产	违反安全文明生产操作规程从总分中扣5～10分			
	定额时间3 h	每超时10 min扣5分			
	备注	除定额时间外,各项目的最高扣分不超过配分			
开始时间		结束时间		实际时间	

任务六　量电和配电装置的安装

电能表又称电度表,简称电表,俗称火表,是计量消耗电能的专用仪表。凡是用电的地方几乎都有电能表,它是电工仪表中生产和使用数量最多的一种仪表。电能表根据被测电路相数分为单相电能表和三相电能表。

知识一　单相电能表的安装

单相电能表是一种感应系电表,它是利用电磁感应原理制成的,一般用于交流电能的测量。单相电能表主要用于220 V供电线路作电能计量,是一种应用最广泛的电能表。

一、安装方法

1. 电能表应按设计装配图规定的位置进行安装,不能安装在高温、潮湿、多尘及有腐蚀性气体的地方。

2. 电能表必须与配电装置一起,装在平整无裂缝的实心木制底盘或塑料底盘上。

3. 电能表中心离地面的垂直高度为1.4～1.8 m,多只电能表并列时,两表的中心距离不得小于20 mm。

4. 安装电能表时,表身应平直,纵横方向上均不能倾斜,以免影响其准确度。

5. 电能表的进出线应使用1.5 mm^2以上的铜芯绝缘线,中间不能有接头,裸露的线头部分不能露出接线盒。

6. 电能表的接线必须正确,进表时一般按照“左进右出”的原则接线。具体接法如图4-6-1所示。单相电能表有四个接线端子和一个内接线端子,从左向右排列,分别为“1”、“2”、“3”、“4”、“5”。接线时通常采用直接接线法,即电源相线L接入“1”接线端子,“3”接线端子为相线输出端;电源中性线N接入“4”接线端子,“5”接线端子则作为中性线的输出端。

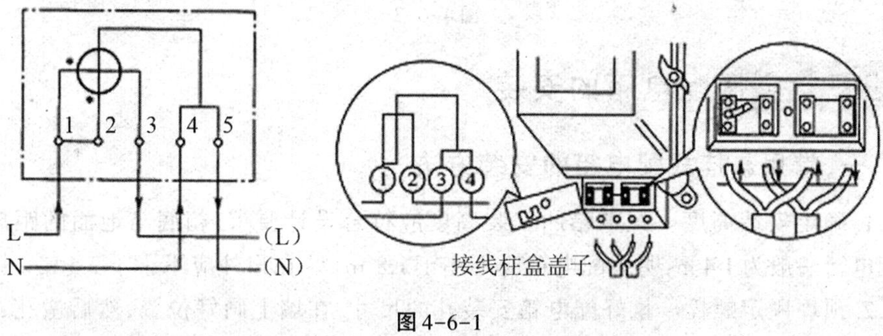

图4-6-1

二、注意事项

1. 电能表装好后，打开电灯，电能表的铝盘应从左向右转动。若铝盘从右向左转动，则说明接线错误，应把相线的进出线调接一下。

2. 单相电能表的选用必须与电器总功率相适应。

3. 电能表在使用时，电路不允许短路或过载（不超过额定电流的125%）。

知识二　三相电能表的接线

三相电能表是用于测量三相交流电路中电源输出或负载消耗电能的专用仪表。它的工作原理与单相电能表基本相同，只是结构上略有不同。因为同时要测量三相电能，所以它采用多组驱动部件和多个铝盘的方式。按照三相电路的接线方式不同，三相电能表又分为三相三线制电能表和三相四线制电能表。

三相电能表的直接接入方式与单相电能表类似，如图4-6-2和图4-6-3所示。

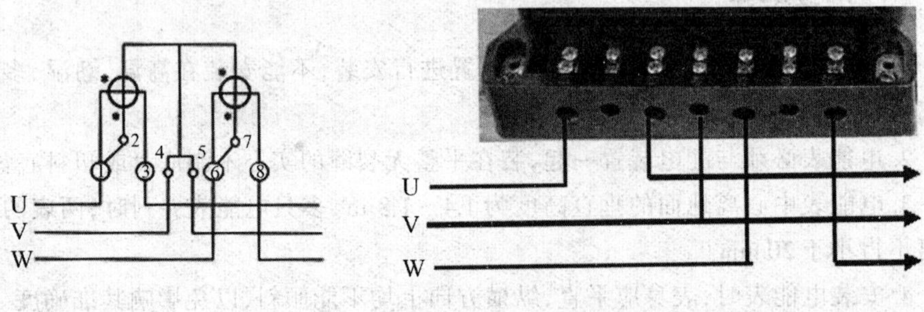

图4-6-2

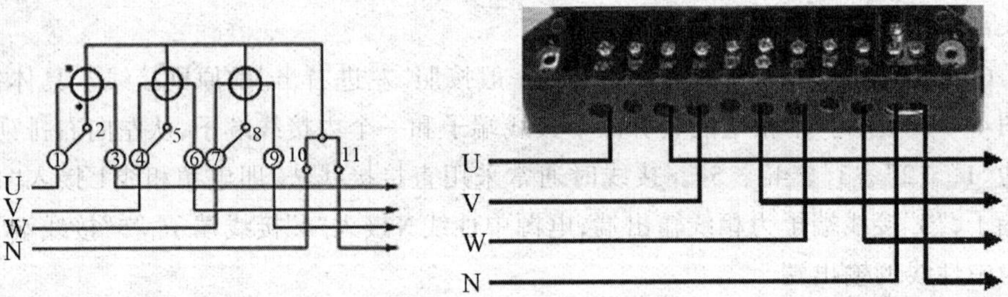

图4-6-3

知识三　低压配电箱的安装

一、常用悬挂式配电箱的安装方法

1. 确定安装高度。配电箱的安装高度应符合设计要求，箱底与地面的距离，暗装配电箱一般为1.4 m，明装配电箱应不小于1.8 m，装在户外应不小于2.5 m。

2. 预埋固定螺栓。量好配电箱安装孔的尺寸，在墙上画好位置，然后凿孔，预埋固定螺栓，螺栓的长度应为埋设深度（一般为120～150 mm）加箱壁、螺母和垫圈的厚度，再加 3～5 mm 的余量。

3. 校正箱体。配电箱一般有上下各两个固定螺栓，应使用水平尺和线锤来进行调整，使其成水平和垂直状态。

4. 检查调试。用绝缘电阻表检查各线之间的绝缘情况；用万用表检查配电箱中操作开关的进、出线是否有短路现象，同时检查开关动作是否灵活可靠；检查各接线端子是否相互短路或对地短路；检查待装的熔断器是否良好。

5. 检查无误后，通电调试，用万用表测输出端对零线的电压，确认正常。

6. 调试完毕后，将开关置于“断开”位置。

二、注意事项

1. 电器在配电盘上的安装方法多采用暗装，即把导线布置在配电盘的内部。在需要连接导线处，可钻孔以引进和引出盘内的导线。

2. 选配熔丝必须以电路的实际工作电流为依据。电灯和电热器具(电饭煲、微波炉、电炉等)用的熔丝，其额定电流应大于或等于所有电器的额定电流之和。

3. 配电箱各分路开关应标明控制对象。

4. 住户配电箱宜嵌墙暗装在厅内、大门旁不显眼处，配电箱底边安装高度应不小于 1.8 m。

5. 螺旋式熔断器的中间端子接电源，螺旋端子接负载。

6. 一般将仪表放在配电箱上方，各回路的仪表、开关及熔断器尽可能相互对应，放置的位置应当便于操作、维护，同时要美观、整齐。

7. 元件、出线口、线管头等距离四周边缘的距离不得小于 30 mm。

8. 导线应排列整齐，绑扎成束，并用卡钉固定在盘面背面，不能随意摆动，引入线和引出线应留有一定的余量，以便检修。

实训一　安装单相电能表

一、实训目的

1. 了解电能表的作用。

2. 学会单相电能表的接线。

二、实训所需器材

1. 工具：常用电工工具一套。

2. 仪表：MF47 型万用表一块、单相电能表一块。

3. 器材：木制配电板一块、小铁钉、木螺钉、铝线卡、塑料多股铜芯线 50 m、电钻一个。

三、实训内容

1. 认识电能表，并能对单相电能表读数。

2. 单相电能表的安装。

四、实训步骤及要点

1. 了解电能表的性能、价格，到商店或上网查询电能表的性能、价格，对单相电能表和三相电能表各查询2～3种，完成表4-1中的内容。

表4-1　电能表性能价格比较

名称	型号规格	单位	价格	生产厂家	优缺点
单相电能表					
三相电能表					

2. 观察各自家中的电能表并读数，计算一天的用电量及电费，并填入表4-2中。

表4-2　电能表读数练习

当天读数	第二天读数	一天用电量	单价	一天电费

3. 单相电能表的安装。

(1)把电能表放置在配电板左上四分之一处，表身须平直，不可倾斜。

(2)配电板垂直安装于墙上，其中心离地面的垂直高度约为1.6 m。

(3)按图4-6-1所示接线。

五、注意事项

1. 电能表若用木制底盘，应在底盘正面及四周涂漆，以防止潮湿变形。

2. 电能表必须安装在干燥、无振动、无腐蚀性气体的场所。

3. 电能表应采用明线敷设，而不采用暗线安装。

4. 调整校验电能表，应由专业技术人员进行，不得随意调整。

5. 接线时要参照端钮盒盖上的接线图接线，以保证接线的正确性。

6. 接线时，线头必须剖削足够的长度，往端钮孔插入，待拧紧螺钉后，应把电线往下拉一下，检查是否切实拧紧。

7. 电能表应安装在用户的进户配电箱内，而且电源线(L、N)应先进电能表，出线进入用户总开关、熔断器。

8. 读数时要注意电能表的倍率。有的电能表计数器的读数需乘以一个系数，才是电路实际消耗的电度数,这个系数称为电能表的倍率。

9. 接线时,电源相线和零线不能颠倒。若相线和零线颠倒可能会造成测量不准确,更会增加不安全因素,易造成触电事故。

实训二　安装低压配电板

一、实训目的

1. 了解配电箱的结构。
2. 学会家用配电箱的制作与安装方法。

二、实训所需器材

1. 工具:通用电工工具一套。
2. 仪表:MF47型万用表一块。
3. 器材:木制配电板一块,验电笔一支,刀开关一只,熔断器三个,单相电能表一块,护套线、小铁钉、木螺钉、铝线卡若干。

三、实训内容

1. 画出配电箱电路图。
2. 配电箱的制作与安装。

四、实训步骤及要点

1. 按图4-6-4(a)所示的电器排列图画出相应的电路图,如图4-6-4(b)所示。

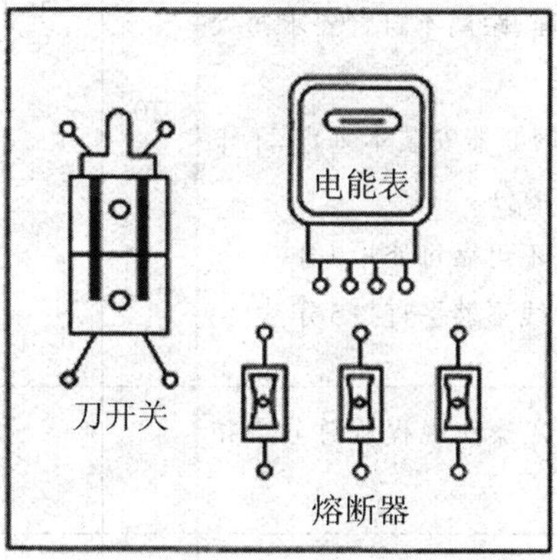

(a) 箱相布置

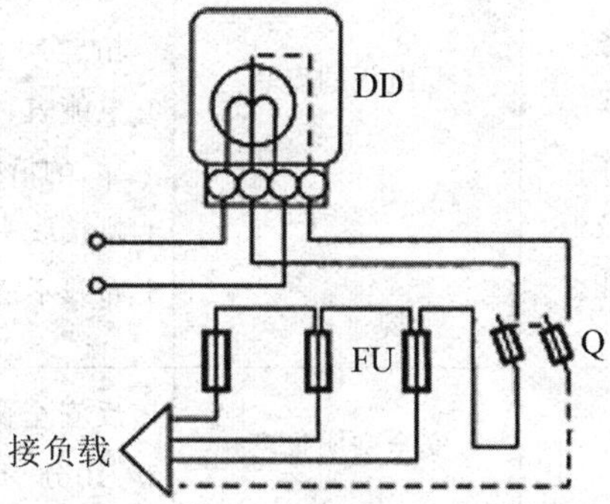

(b) 电路图

图4-6-4

2. 确定电器位置,进行画线。
3. 安装各个电器。
4. 敷设导线及各电器间的连接导线。

单相电能表接线柱自左至右有“1”、“2”、“3”、“4”四个，“1”、“3”接电源进线，“2”、“4”接出线；刀开关的两个上接线柱，左边一个接电能表接线柱“2”，右边一个接电能表接线柱“4”。三个熔断器上的接线柱与刀开关左侧出线端相连。

5. 对照电路图，用万用表检查线路是否正确。

6. 接通电源，进行试验。

检测与评估

检测项目		评分标准	分值	学生自评	教师评估
任务知识内容	电能表的认识与读数	1. 不能判断单相电能表和三相电能表扣5分 2. 不清楚接线端子分别接什么线扣5分 3. 不会读数和计算电费扣10分	10		
	配电箱主要元件的认识	不能说出主要元件名称与作用每个扣5分	10		
任务操作技能	单相电能表的安装	1. 电能表安装不垂直、固定不牢靠扣10分 2. 错接一线头扣5分 3. 布线不合理、不美观每处扣2分 4. 第一次送电电能表运转不正常扣5分	30		
	配电板的安装	1. 电路图绘制符号不符合规定或错误，每处扣2分 2. 电器摆放不合理、距离不符合要求每处扣5分 3. 电能表、开关、熔断器安装不垂直、不牢靠，酌情扣5～10分 4. 错接线头，接头不可靠每处扣2分 5. 布线不清晰、导线不够平直扣5分	30		
	安全文明生产	违反安全文明生产操作规程从总分中扣5~10分			
	定额时间1.5 h	每超时10 min扣5分			
	备　注	除定额时间外，各项目的最高扣分不超过配分			
开始时间		结束时间		实际时间	

练习题四

一、判断题(下列判断题中正确的请在括号内打"√",错误的请打"×")

1. 室内布线是动力线路的一种。 ( )
2. 明线安装是指导线沿墙壁、天花板等表面进行敷设。 ( )
3. 护套线敷设在线路上时,可以线与线直接连接,而不必采用接线盒。 ( )
4. 护套线进入接线盒或电器时,护套层也必须随之进入。 ( )
5. 槽板的定位应在土建抹灰后进行。 ( )
6. 安装槽板时,底板与盖板的拼接口应错开。 ( )
7. 槽板布线时,固定盖板与敷线同时进行。 ( )
8. 槽板内一般不得做电线接头。 ( )
9. 槽板内每一线槽可放两根导线。 ( )
10. PVC管必须用钢锯锯断。 ( )
11. 针式瓷绝缘子适合较细导线的布线。 ( )
12. 导线穿墙、交叉时,一定要加装瓷管。 ( )
13. 相线必须先通过开关才能进灯头。 ( )
14. 荧光灯和白炽灯功率相同,发光的效率也相同。 ( )
15. 荧光灯镇流器、辉光启辉器的容量应与灯管的容量相符。 ( )
16. 辉光启辉器插入辉光启辉器座时,顺时针拧进,逆时针拧出。 ( )
17. 电能表利用电磁感应原理制成,一般用于直流电能的测量。 ( )
18. 电能表测量的电度数,都是直接从表上读取的。 ( )
19. 电能表应安装在用户的进户配电箱内,而且电源线(L、N)应先进总开关、熔断器,出线进入电能表。 ( )
20. 灯座接线线头裸露太长,容易导致两个线头相碰短路。 ( )

二、单项选择题(下列每题中有多个选项,其中只有1个是正确的,请将正确答案的代号填在横线空白处)

1. 户外使用的铜芯护套线截面积应大于____mm^2。

A. 0.5　B. 1.5　C. 2.0　D. 2.5

2. 护套线布线转角处的曲率半径是护套线直径的____倍。

A. 1～2　B. 2～3　C. 3～4　D. 4～5

3. 护套线布线时,两线交叉处要固定____个线卡。

A. 1　B. 2　C. 3　D. 4

4. 室内布线的第一道工序是____。

A. 定位　B. 画线　C. 处理紧固件　D. 敷设导线

5. 目前，槽板布线已不常用的槽板是____。

A. PVC阻燃槽板　B. 塑料槽板　C. 木槽板

6. 槽板拼接时，接头部位都应锯成____。

A. 0°　B. 30°　C. 45°　D. 90°

7. 在安装____mm^2以上的电线时，安装底板前须在墙壁上预埋木榫或木砖，然后用木螺钉将底板固定牢靠。

A. 3　B. 5　C. 6　D. 9

8. 槽板布线盖板的固定间隔应小于____mm。

A. 50　B. 100　C. 300　D. 500

9. PVC管布线时要求横平竖直，转弯成____，穿墙须垂直。

A. 0°　B. 30°　C. 45°　D. 90°

10. 相同直径的PVC管直接时，所用的阻燃接头是____。

A. 直接　B. 大小三通　C. 大小头　D. 弯头

11. 对于整卷电线，应从____抽出线头放线。

A. 内圈　B. 外圈　C. 中间　D. 无所谓

12. 双孔插座的双孔横向排列时，相线接____边插孔的接线端子。

A. 左　B. 右　C. 无所谓

13. 荧光灯的镇流器是____。

A. 电感线圈　B. 电阻　C. 双金属片　D. 钨丝

14. 电能表一般放置在配电板的____四分之一处。

A. 左上　B. 左下　C. 右上　D. 右下

15. 电能表接线时，进线一般按照____的原则接线。

A. 左进右出　B. 右进左出　C. 上进下出　D. 下进上出

16. 多只电能表并列时，两表的中心距不得小于____mm。

A. 100　B. 20　C. 300　D. 400

17. 配电箱中垂直装设的元件上端应接____。

A. 电源　B. 负载　C. 零线　D. 都可以

18. ____故障的显著特点是电流急剧增大，熔丝烧断。

A. 短路　B. 断路　C. 漏电　D. 都不是

19. 家电长期在油污或比较潮湿的环境中使用，可能造成线路____故障。

A. 短路　B. 断路　C. 漏电　D. 都不是

20. 熔丝固定螺钉没拧紧，接触电阻大，使接触处长期过热可能造成____故障。

A. 短路　B. 断路　C. 漏电　D. 都不是

三、技能练习

(一)护套线照明线路的安装

1. 内容与操作要求

(1)按照照明线路图4-6-5和配线安装图4-6-6在木质安装板上安装护套线照明线路。

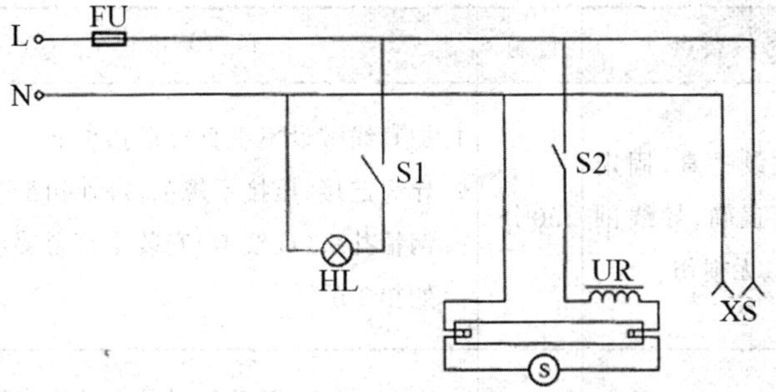

图4-6-5

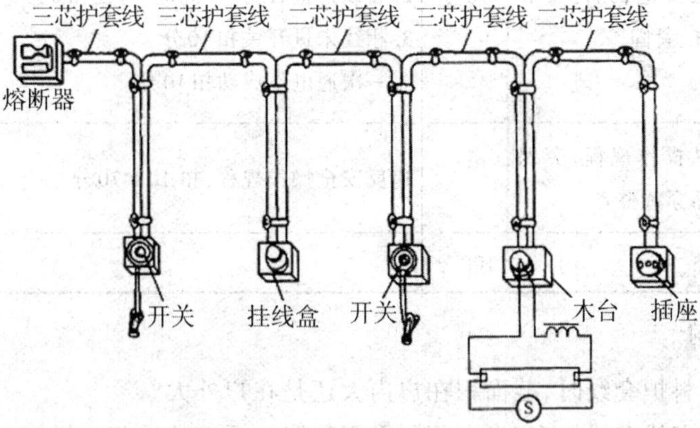

图4-6-6

①定位与画线。

②固定钢精扎头。

③敷设导线。

④固定熔断器、木台、开关灯座、插座及挂线盒。

⑤安装荧光灯并接到挂线盒上。

(2)检查线路并通电试验。

2. 准备工作

(1)材料准备:850 mm×550 mm木制配电板一块、75 mm(3″)圆木五块、单联平开关两只、双口插座一只、螺口灯头一只、RCIA-5型瓷插式熔断器两只、1号钢精扎头一包、小铁钉和小螺钉各一包、挂线盒一只、长2 m的BVV1 mm^2(1/1.13)二芯塑料护套线一根和长2 m的BVV1 mm²(1 / 1.13)三芯塑料护套线一根。

(2)设备、工具及量具准备:常用电工工具、万用表。

3. 考核时限:120 min

4. 评分项目及标准

(二)评分项目及标准

项目	考核要点	配分	评分标准	扣分	得分
护套线配线	线路敷设平直,固定点位置正确,导线剖削规范、无损伤	30分	1. 护套线敷设不平直每根扣5分 2. 导线连接、压接不规范,每处扣5分 3. 钢精扎头(或线卡)安装不符合要求,每处扣2分		
线路及元件安装	线路安装正确,导线压接规范,元件安装整齐、紧固	70分	1. 木台、灯座、开关等元件安装不牢固、不规范,每处扣5分 2. 导线连接、压接不规范,每处扣2分 3. 相线未进开关扣10分 4. 一次通电不成功扣10分		
安全文明操作	遵从操作规程,劳保用品穿戴整齐		违反安全操作规程,扣10~70分		
合计		100分			

四、思考与练习

1. 使用塑料护套线时,截面积在户内大还是在户外大?

2. 塑料护套线布线转弯时,在不同平面和同一平面的处理一样吗?

3. 放线时为什么必须两人合作进行?

4. 你在布线过程中遇到了哪些问题?

5. 定位画线时要注意什么问题?

6. 怎样使敷设好的线平直?

7. 槽板的固定点位置直线部分为何可以大一些?

8. 槽板对接时,为什么应将盖板的斜切口与底板的接口错开?

9. 钉子或木螺钉的长度可以小于槽板厚度的一半吗?为什么?

10. 画线定位时,如何做到横平竖直?

11. 为什么穿线前最好在管口放一把滑石粉?

12. 家庭用开关,哪些地方常用双联的?

13. 为什么相线要先通过开关才能进灯头?

14. 准备一些常用开关、插座，进行拆装。
15. 怎样用万用表检查电路？
16. 在接线过程中应注意哪些问题？
17. 镇流器起什么作用？你在安装过程中遇到了哪些问题？
18. 测量荧光灯镇流器和灯管两端的电压，应使用万用表的什么挡？
19. 用万用表测量荧光灯镇流器和灯管两端电压，记下数值。分析它们有何关系，为什么？
20. 三相电能表可以用三个单相电能表代替吗？
21. 不同电价的用电线路可否合并装表？
22. 单相电能表怎样读数？带有电流互感器的电能表又如何读数？
23. 为什么配电箱安装要有一定高度？
24. 到学校看一看配电箱的安装方法，看一看电能表的读数，计算学校一个月的耗电量。

项目五

常用低压电器

低压电器是指工作在交流额定电压1200 V、直流额定电压1500 V及以下的电路中,起通断、保护、控制或调节作用的电气元件。它结构简单、操作方便、控制灵活、价格低廉,广泛应用于电力输配系统、电力拖动系统和自动控制设备等系统中,在工农业生产、交通运输和国防工业中起着极其重要的作用。

常用低压电器有刀开关、熔断器、主令电器、接触器、继电器等。

知识目标

1.掌握常用低压电器的结构、电气图形、文字符号;

2.了解常用低压电器的选用和使用知识;

3.了解交流接触器、热继电器的工作原理。

技能目标

学会常用低压电器的识别、拆装和一般维修。

任务一　常用开关的认识

开关电器是用来接通或分断电源的电器,起控制、转换、保护和隔离的作用。常用的开关电器有刀开关、组合开关和低压断路器。

知识一　刀开关

瓷底胶盖刀开关,简称为刀开关。常用的是HK系列,适用于额定电压为交流380 V(或直流400 V)的电热设备、照明以及5.5 kW以下的交流电动机控制线路中。

一、结构和符号

HK系列刀开关的结构、图形符号、文字符号如图5-1-1所示。

二、选用

1. 刀开关的额定电压应大于或等于线路工作电压。

2. 刀开关用于照明、电热负载时,开关的额定电流应大于或等于所有负载的额定电流之和;用于控制电动机时,开关的额定电流应大于或等于电动机额定电流的3倍。全国统一设计产品HK1系列的主要技术数据如表5-1所示。

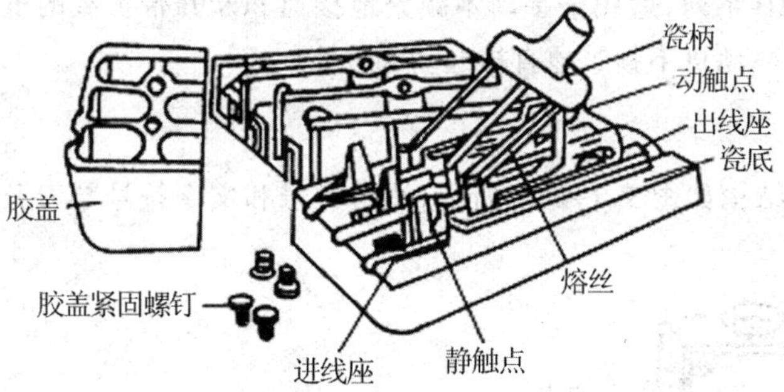

(a) 结构

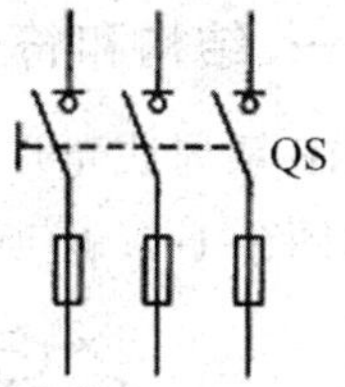

(b) 图形符号和文字符号

图5-1-1

表5-1　HK1系列刀开关的基本技术数据

型号	极数	额定电流／A	额定电压／V	可控制电动机的最大容量/kW	
				220 V	380 V
HK1-15	2	15	220	—	—
HK1-30	2	30	220	—	—
HK1-60	2	60	220	—	—
HK1-15	3	15	380	1.5	2.2
HK1-30	3	30	380	3.0	4.0
HK1-60	3	60	380	5.5	5.5

三、安装和使用

1. 刀开关应安装在干燥、防雨、无导电粉尘的场所,其下方不应堆放易燃、易爆物品。

2. 刀开关必须垂直安装在控制屏或开关板上,且在合闸状态时操作手柄应朝上。不允许平装或倒装,以防止操作手柄因重力落下时误合闸造成事故。

3. 刀开关接线时应把电源连线接在静触头一边的接线柱上,负载接在动触头一边的接线柱上,使开关断开时,闸刀或熔体不带电。这样,当拉开刀开关更换熔丝时就不会发生触电事故。

4. 刀开关用作电动机控制开关时,应将开关的熔断器部分用与导线规格相同的铜导线短接,并在出线端加装熔断器作短路保护。

5. 操作刀开关时,操作者应站在开关侧面,合闸迅速,拉闸干脆。

知识二　铁壳开关

铁壳开关常用的是HH系列,适用于手动不频繁地接通和断开带负载的电路以及控制15 kW以下的交流电动机不频繁地直接起动和停止。

一、结构和符号

HH系列铁壳开关的结构如图5-1-2(a)所示,图形符号和文字符号与刀开关相同,如图5-1-2(b)所示。

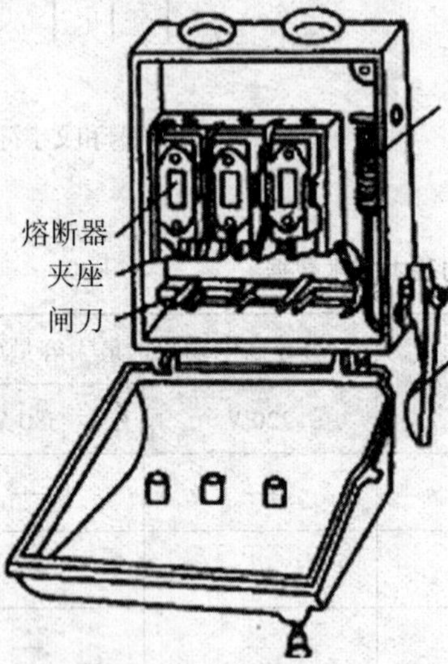

(a) 结构

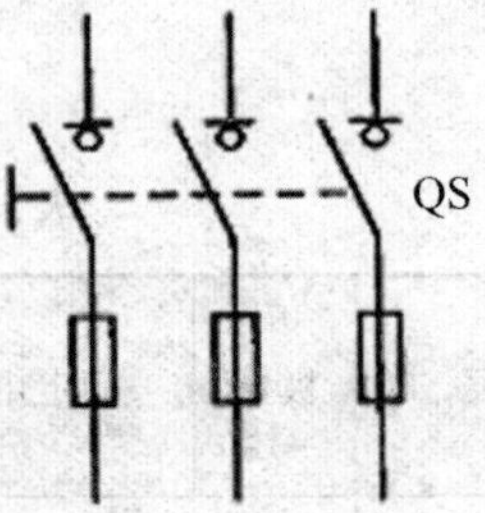

(b) 图形符号和文字符号

图5-1-2

二、铁壳开关的选用方法

与刀开关相同。

三、安装和使用

1. 铁壳开关必须垂直安装,合闸状态时手柄朝上,安装高度一般离地面1.3～1.5 m。

2. 铁壳开关的电源进线和开关输出线,都必须经过铁壳的进出线孔,且进出线孔处要加装橡胶垫圈,以防尘土落入铁壳内。接线时应将电源线接静夹座一边的接线柱,负载引线接熔断器一边的接线柱。

3. 操作时不要面对铁壳开关,操作者应站在开关手柄侧面。

4. 铁壳开关的外壳应可靠接地。

知识三　组合开关

组合开关又称转换开关,操作手柄装在顶部,触头部分封闭在塑料壳体的内部,结构紧凑,可靠性高,小巧方便。常用的是HZ10系列组合开关,常用于交流380 V及直流220 V以下的电气线路中,用于手动不频繁地接通和断开电路,负载换接电源及直接控制5 kW以下小容量交流异步电动机的起动、停止和正/反转。HZ10系列组合开关的技术数据如表5-2所示。

表5-2　HZ10系列组合开关的基本技术数据

型号	额定电流/A	额定电压/V	可控制电动机的最大容量/kW
HZ10-10	15	380	3
HZ10-25	30		5.5
HZ10-60	60		—
HZ10-100	15		—

一、结构和符号

组合开关的结构、图形符号、文字符号如图5-1-3所示。

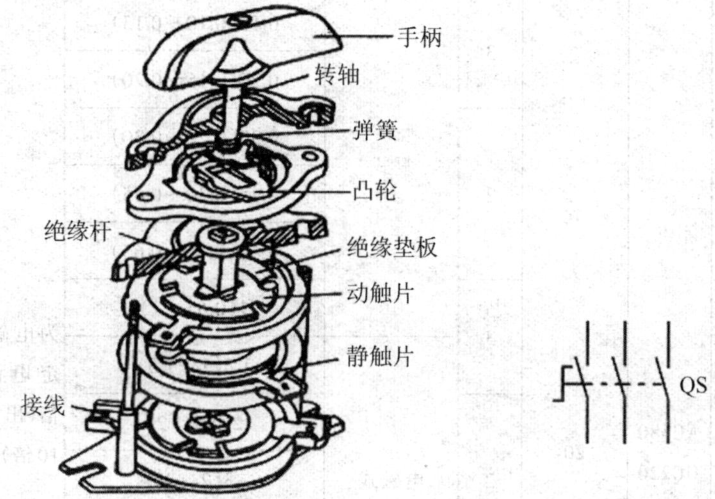

图5-1-3

二、选用

1. 根据工作要求中的电源种类、所需触头数、接线方式等选择组合开关的种类。

2. 组合开关的额定电压应大于或等于线路的工作电压。

3. 控制照明、电热设备时,开关的额定电流应等于或大于所有负载的额定电流之和;控制电动机时,开关的额定电流一般取电动机额定电流的1.5～2.5倍。

三、安装和使用

1. 开关上方接线柱接电源进线,下方接线柱接负载线。

2. 开关应安装在控制箱(或壳体)面板上,其操作手柄伸出控制箱的前面或侧面,应使手柄在水平位置时为断开状态。

3. 倒顺开关接线时,应将开关两侧进出线中的一相互换,切忌接错,以免产生两相电源短路故障。

4. 由于组合开关的通断能力较低,因此,不能用来分断故障电流。

知识四　自动空气开关

自动空气开关又叫低压断路器,简称断路器,常用的是DZ系列、DW系列自动空气开关。主要用于低压配电系统电源的接通与切断,也可用于电动机的不频繁操作。当电路发生短路、过载或失压等故障时,能自动切断故障电路,保护线路和电气设备。DZ5系列空气开关的技术数据如表5-3所示。

表5-3　DZ5系列自动空气开关的基本技术数据

<table>
<tr><th>型　号</th><th>额定电压/V</th><th>主触头额定电流/A</th><th>极数</th><th>脱扣器形式</th><th>热脱扣器额定电流(括号内为整定电流调节范围)/A</th><th>电磁脱扣器瞬时动作整定值/A</th></tr>
<tr><td rowspan="2">DZS-20/330</td><td rowspan="16">AC380
DC220</td><td rowspan="16">20</td><td rowspan="2">3</td><td rowspan="6">复式</td><td>0.15(0.10~0.15)</td><td rowspan="14">为电磁脱扣器额定电流的8~12倍(出厂时定于整10倍)</td></tr>
<tr><td>0.20(0.15~0.20)</td></tr>
<tr><td rowspan="3">DZS-20/230</td><td rowspan="3">2</td><td>0.30(0.20~0.30)</td></tr>
<tr><td>0.45(0.30~0.45)</td></tr>
<tr><td>0.65(0.45~0.65)</td></tr>
<tr><td rowspan="2">DZS-20/320</td><td rowspan="2">3</td><td>1(0.65~1)</td></tr>
<tr><td rowspan="5">电磁式</td><td>1.5(1~1.5)</td></tr>
<tr><td rowspan="3">DZ5-20/220</td><td rowspan="3">2</td><td>2(1.5~2)</td></tr>
<tr><td>3(2~3)</td></tr>
<tr><td>4.5(3~4.5)</td></tr>
<tr><td rowspan="2">DZ5-20/310</td><td rowspan="2">3</td><td>6.5(4.5~65)</td></tr>
<tr><td rowspan="3">热脱扣器式</td><td>10(6.5~10)</td></tr>
<tr><td rowspan="2">DZ5-20/210</td><td rowspan="2">2</td><td>15(10~15)</td></tr>
<tr><td>20(15~20)</td></tr>
<tr><td>DZ5-20/300</td><td>3</td><td rowspan="2" colspan="3">无脱扣器式</td></tr>
<tr><td>DZ5-20/200</td><td>2</td></tr>
</table>

一、结构

自动空气开关的外观及内部结构如图5-1-4所示。

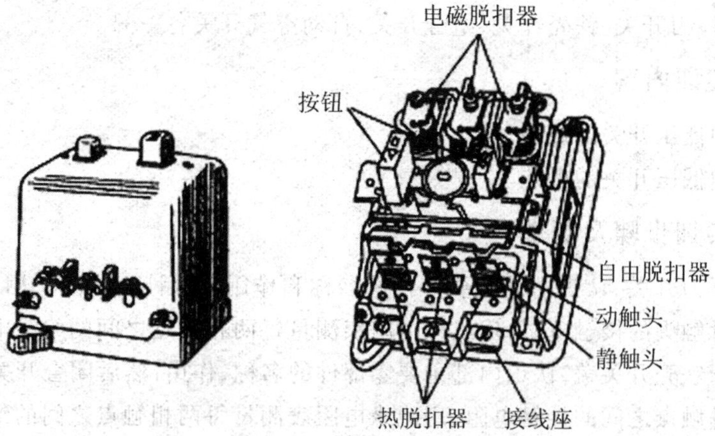

（a）外观　　（b）内部结构

图5-1-4

二、选用

1. 自动空气开关的额定电压和额定电流应不小于线路的正常工作电压和负载的额定电流。

2. 热脱扣器的整定值应和负载的额定电流值一致。

3. 电磁脱扣器的瞬时脱扣整定值应大于负载电路正常工作时的峰值电流。

4. 欠压脱扣器的额定电压应等于线路的额定电压。

三、安装和使用

1. 自动空气开关应垂直安装,电源进线接上端接线柱,负载接线接下端接线柱。

2. 自动空气开关用作电源总开关或电动机的控制开关时,在它的前面要加装刀开关或熔断器等,以形成明显的断开点。

3. 自动空气开关应定期进行检查维护,一般每半年一次。使用过程中若遇分断短路电流,应及时进行检查。

实训　低压开关的拆装

一、实训目的

1. 熟悉常用低压开关的外形和基本结构。

2. 能正确拆卸、组装低压开关。

二、实训所需器材

1. 工具:尖嘴钳、螺钉旋具、活扳手、镊子等。

2. 仪表:MF47型万用表、ZC25H3型绝缘电阻表。

3. 器材:刀开关、铁壳开关、组合开关、自动空气开关各一只。

三、实训内容

1. 各种低压开关的识别。

2. 各种低压开关的拆装。

四、实训步骤及要求

1. 拆开刀开关,认识内部主要零件的名称和作用,然后闭合开关,用万用表电阻挡测量各对触头的接触电阻,用绝缘电阻表测量每两相触点之间的绝缘电阻。

2. 打开铁壳开关盖,认识内部主要零部件的名称、作用,然后闭合开关,用万用表电阻挡测量触点之间的接触电阻,用绝缘电阻表测量每两相触点之间的绝缘电阻。

3. 拆装一只组合开关,并了解拆装步骤、主要零件的名称、作用,用万用表电阻挡测量触点之间的接触电阻,用绝缘电阻表测量每两相触点之间的绝缘电阻。

4. 拆开一台装置式自动空气开关外壳,将其主要零件名称、作用和有关参数记录下来。

五、注意事项

1. 拆卸时,应备有盛放零件的容器,以防丢失零件。

2. 拆卸过程中,不允许硬撬,以防损坏电器。

检测与评估

检测项目		评分标准	分值	学生自评	教师评估
任务知识内容	零部件的识别与选用	1. 写错或漏写名称,每只扣4分 2. 写错或漏写型号,每只扣2分 3. 根据电动机的铭牌数据选择低压电器的型号与规格,选错每个扣5分	20		
任务操作技能	刀开关	1. 损坏零部件或不能装配扣10分 2. 丢失或偏装零部件,每只扣5分 3. 拆装方法、步骤不正确,每次扣3分 4. 写错主要零部件名称,每只扣4分 5. 写错主要零部件作用,每只扣4分	20		

续 表

检测项目		评分标准	分值	学生自评	教师评估
任务操作技能	铁壳开关	1. 仪表使用方法错误扣5分 2. 不会测量或测量结果错误扣5分 3. 写错主要零部件名称，每只扣4分 4. 写错主要零部件作用，每只扣4分	20		
	组合开关	1. 损坏零部件或不能装配扣10分 2. 丢失或漏装零件，每只扣5分 3. 拆装方法、步骤不正确，每次扣3分 4. 装配后转动不灵活扣10分 5. 不能进行通电校验扣4分 6. 通电试验不成功，每次扣5分	20		
	自动空气开关	1. 写错主要零部件名称，每只扣4分 2. 写错主要零部件作用，每只扣4分 3. 后写或写错参数，每次扣4分	20		
	安全文明生产	违反安全文明生产操作规程从总分中扣5～10分			
	定额时间6 h	每超时10 min扣5分			
	备注	除定额时间外，各项目的最高扣分不超过配分			
开始时间		结束时间		实际时间	

任务二　熔断器的认识

知识　熔断器

熔断器是低压用电设备和线路中用作短路保护的电器。使用时串联在被保护的电路中,当电路或用电设备发生短路故障时,通过熔断器的熔体迅速熔断,从而自动分断电源起到保护作用。

一、种类、结构和用途

熔断器分为瓷插入式熔断器、螺旋式熔断器和管式熔断器三类。

1. 瓷插入式熔断器(RC1A系列)的结构如图5-2-1所示,主要用于500 V以下中小容量的照明或动力线路。

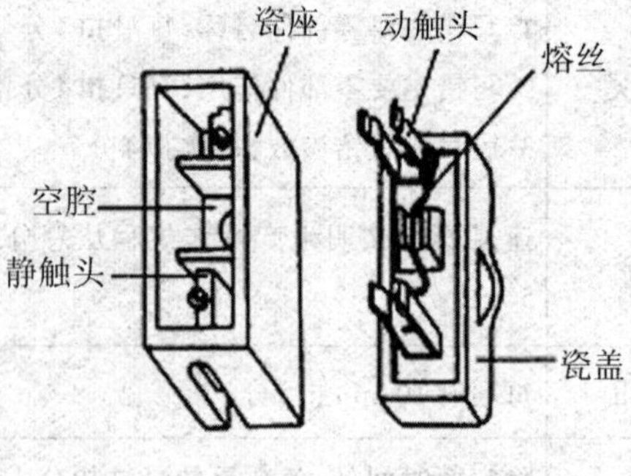

图5-2-1

2. 螺旋式熔断器(RL系列)的结构如图5-2-2所示,主要用于500 V以下中小容量电动机的短路保护。

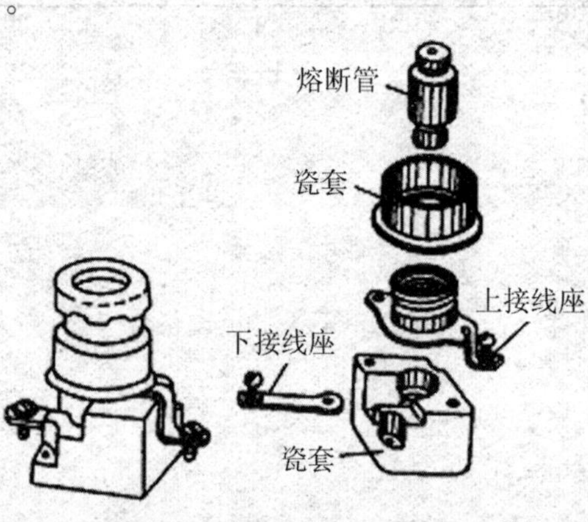

(a) 瓷套　　(b) 结构

图5-2-2

3. 管式熔断器(RM10、RTO系列)的结构如图5-2-3所示,主要用于大电流的配电装置中。

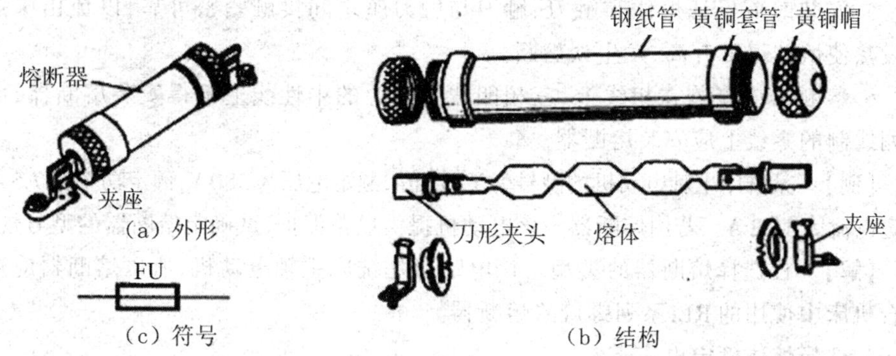

图5-2-3

二、选择

1. 熔断器类型的选择

根据使用的环境、位置和负载的性质选择合适的熔断器。

2. 熔体的选择

(1)照明、电热负载。熔体的额定电流应等于或稍大于负载的额定电流。

(2)单台电动机。熔体的额定电流I_{RN}应大于或等于1.5～2.5倍的电动机额定电流I_N,即

$$I_{RN} \geqslant (1.5 \sim 2.5) I_N$$

对于频繁起动或起动时间较长或功率比较小的电动机,上式的系数可提高到3～3.5。

(3)多台电动机。熔体的额定电流应大于或等于其中最大容量电动机额定电流的1.5～2.5倍加上其余电动机额定电流的总和ΣI_N,即

$$I_{RN} \geqslant (1.5 \sim 2.5) I_{N\max} + \Sigma I_N$$

3. 熔断器额定电压和额定电流的选择

熔断器的额定电压和额定电流应分别大于或等于线路的工作电压和熔体的额定电流。

三、安装与使用

1. 熔断器间除要有足够的电气距离外,还应保证安装位置间有足够的间距,以便于拆卸或更换熔体。

2. 插入式熔断器应垂直安装,电源进线接上端接线柱,出线接下端接线柱;螺旋式熔断器的电源进线应接在与瓷底座相连的接线柱上,负载线应接在与螺纹壳相连的接线柱上。

3. 熔体的规格要按要求选取，不能用多股小规格熔体或导线代替。

4. 安装熔断器时，下级熔体规格比上一级熔体规格小。

5. 安装时应保证熔体和触刀、触刀与触刀座之间接触紧密可靠，以免由于接触处发热使熔体温度升高，发生误熔断。

6. 熔断器应安装在相线上，三相四线制电源的中性线上不得安装熔断器，而单相两线制的零线上应安装熔断器。

【例】 某铣床主轴电动机的型号为Y132M4，额定电压为380 V，额定功率为7.5 kW，额定电流为15.2 A。若用熔断器为该电动机提供短路保护，试确定熔断器的型号规格。

【解】 1. 选择熔断器的类型。该电动机是铣床主轴电动机，所以熔断器应选择适合机床中使用的RLI系列螺旋式熔断器。

2. 选择熔体额定电流。

$$I_{RN}=(1.5\sim 2.5)\times 15.2=22.8\sim 38\ A$$

查表5-4得熔体的额定电流为$I_{RN}=30$ A。

3. 选择熔断器的额定电流和电压。查表5-4可选取RL1-60／30型熔断器，其额定电流为60 A，额定电压为500 V。

表5-4　RC1A插入式、RL螺旋式熔断器的基本技术数据

类别	型号	额定电压/V	额定电流／A	熔体额定电流等级／A	极限分断能力／kA	功率因数
插入式熔断器	RC1A	380	5	2、5	0.25	0.8
			10	2、4、6、10	0.5	
			15	6、10、15		
			30	20、25、30	1.5	0.7
			60	40、50、60	3	0.6
			100	80、100		
			200	120、150、200		
螺旋式熔断器	RL1	500	15	2、4、6、10、15、20、25	2	≥0.3
			60	30、35、40、50、60	3.5	
			100	60、80、100	20	
			200	100、125、150、200	50	
	RL2	500	25	2、4、6、10、15	1	
			60	20、25、35、50	2	
			100	60、80、100	3.5	

实训　熔断器的识别与维修

一、实训目的

1. 熟悉常用熔断器的外形和基本结构。

2. 掌握常用熔断器的故障处理方法。

二、实训所需器材

1. 工具:尖嘴钳、螺钉旋具。

2. 仪表:MF块47型万用表一只。

3. 器材:在RC1A、RL1、RL2、RM10等系列中,选取多个不同规格的熔断器。具体规格可由指导教师根据实际情况给出。

三、实训内容

1. 熔断器识别。

2. 更换RC1A系列或RL1系列熔断器的熔体。

四、实训步骤及要求

1. 在教师指导下,仔细观察各种不同类型、规格的熔断器的外形和结构特点。

2. 检查所给熔断器的熔体是否完好。对于RC1A型,可拔下瓷盖进行检查;对于RL1型,应首先查看其熔断指示器。

3. 若熔体已熔断,按原规格选配熔体。

4. 更换熔体。对于RC1A系列熔断器,安装熔体时熔体缠绕方向要正确,安装过程中不得损伤熔体。对于RL1系列熔断器,熔断管不能倒装。

5. 用万用表检查更换熔体后的熔断器各部分接触是否良好。

检测与评估

检测项目	评分标准			分值	学生自评	教师评估
熔断器识别	1. 写错或漏写名称,每只扣5分 2. 写错或漏写型号,每只扣5分 3. 漏写每个主要部件扣4分			50		
更换熔体	1. 检查方法不正确扣10分 2. 不能正确地选配熔体扣10分 3. 更换熔体方法不正确扣10分 4. 损伤熔体扣20分 5. 更换熔体后熔断器断路扣4分			50		
安全文明生产	违反安全文明生产操作规程,从总分中扣5~10分					
定额时间60 min	每超时5 min扣5分					
备注	除定额时间外,各项目的最高扣分不应超过配分					
开始时间		结束时间		实际时间		

任务三 主令电器的认识

主令电器是用作接通或断开控制电路，以发出指令或用作程序控制的开关电器。常用的主令电器有按钮、位置开关、万能转换开关和主令控制器等。

知识一 按钮

一、按钮的用途

按钮是一种用人身体某一部分（一般为手指或手掌）施加力而操作的操动器。它不直接控制主电路的通断，而是在控制电路中发出指令或信号去控制接触器、继电器等电器，再由它们去控制主电路的通断、功能转换或电气连锁。

二、按钮的型号与含义

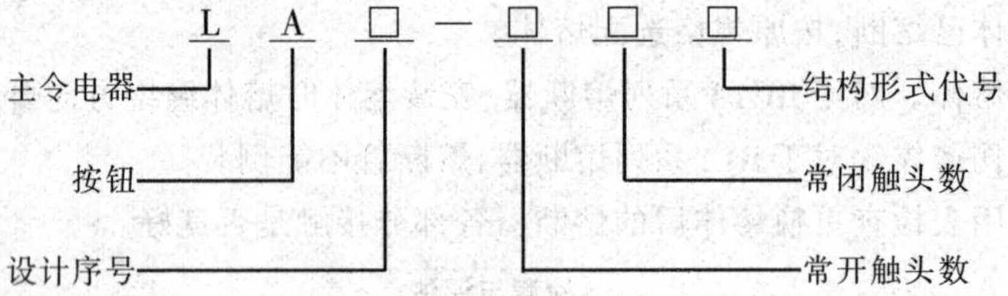

三、按钮的结构

按钮的外形如图5-3-1所示，结构如图5-3-2所示。其主要由常开触头、常闭触头、复位弹簧、按钮帽、外壳等组成。

图5-3-1

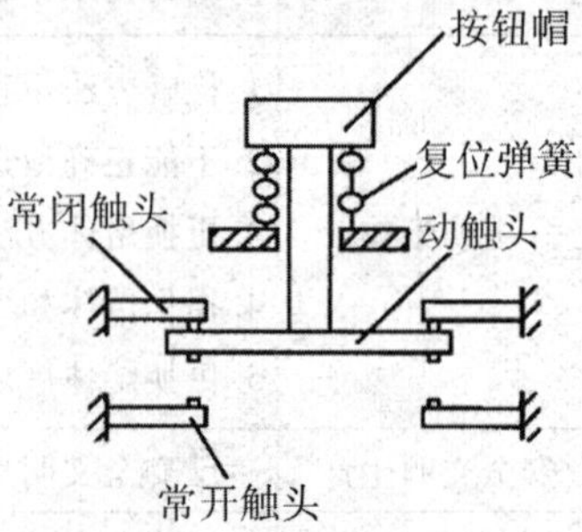

图5-3-2

四、按钮的符号

按钮的符号如图5-3-3所示。

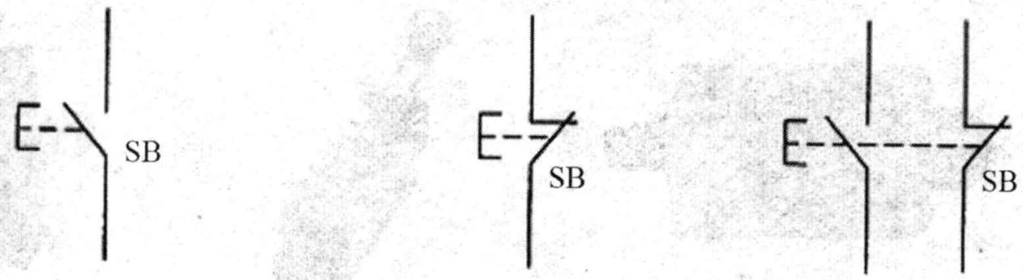

（a）常开按钮（起动按钮）　（b）常闭按钮（停止按钮）　（c）复合按钮

图 5-3-3

五、按钮的选用

1. 根据使用场合和具体用途选择按钮的种类。

2. 根据工作状态指示和工作情况要求选择按钮的颜色。起动按钮选用绿色或黑色，停止按钮或紧急停止按钮选用红色。

知识二　位置开关

一、位置开关的用途

位置开关用于运动部件的位置或行程的检测和控制。它不是靠手指的按压操作而是利用生产机械运动部件的碰压使其触头动作，从而将机械信号转变为电信号，用以控制机械动作或用作程序控制。位置开关用来限制机械运动的位置或行程，使运动机械按一定的位置或行程实现自动停止、反向运动、变速运动或自动往返运动等。

二、位置开关的型号与含义

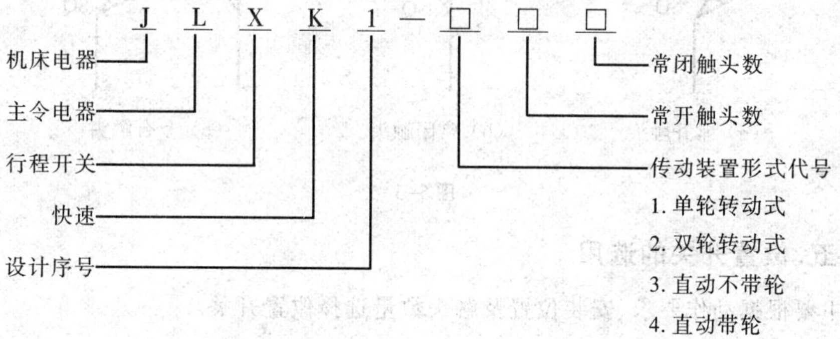

三、位置开关的结构

JLXK1 系列位置开关的外形如图 5-3-4 所示，其结构和动作原理如图 5-3-5 所示。位置开关主要由滚轮、杠杆、转轴、复位弹簧、撞块、微动开关、凸轮、调节螺钉等组成。

图 5-3-4

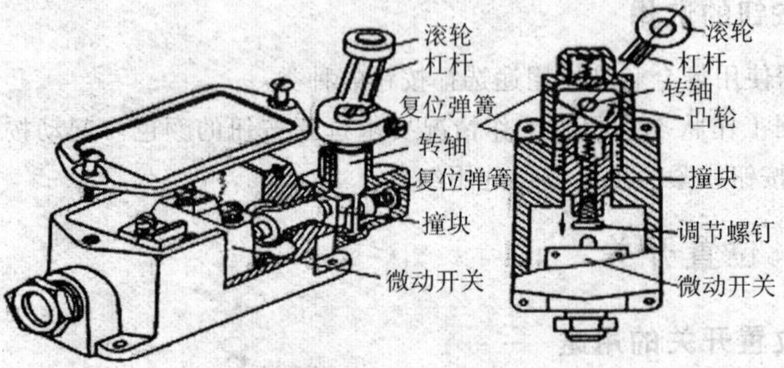

（a）结构　　（b）动作原理

图 5-3-5

四、位置开关的符号

位置开关的符号如图 5-3-6 所示。

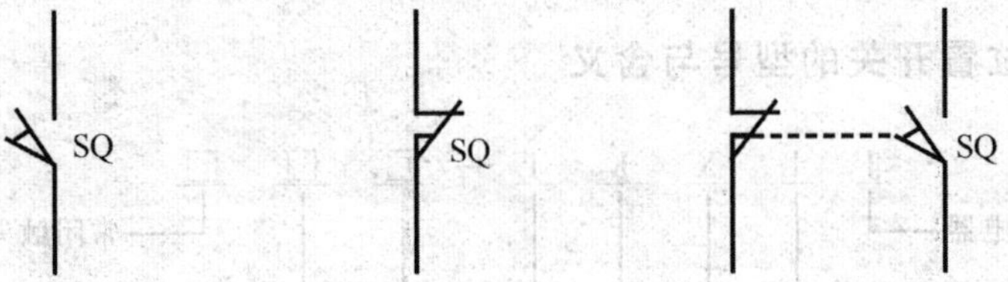

（a）常开触头　　（b）常闭触头　　（c）复合触头

图 5-3-6

五、位置开关的选用

主要根据动作要求、安装位置及触头数量选择位置开关。

知识三　万能转换开关

一、万能转换开关的用途

万能转换开关用于控制线路的转换及电气测量仪表的转换，可用于控制小容量异步电动机的起动、换向及变速。

二、万能转换开关的型号与含义

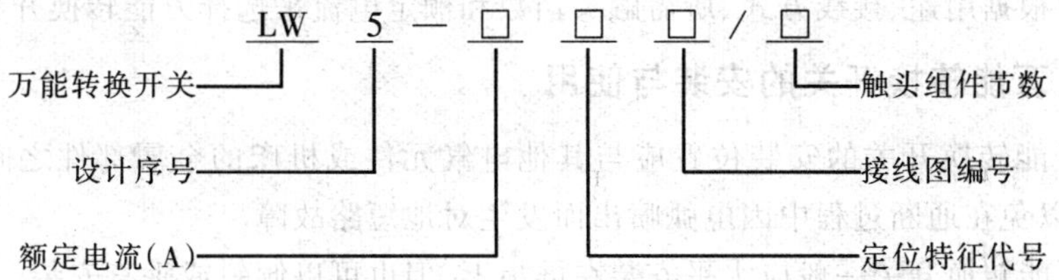

三、万能转换开关的结构

其结构如图5-3-7所示，主要由接触系统、操作机构、转轴、手柄、定位机构等组成。

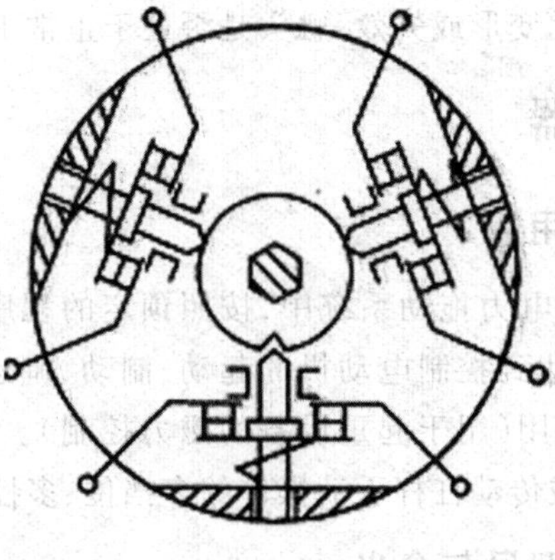

图5-3-7

四、万能转换开关的符号

其符号如图5-3-8(a)所示。

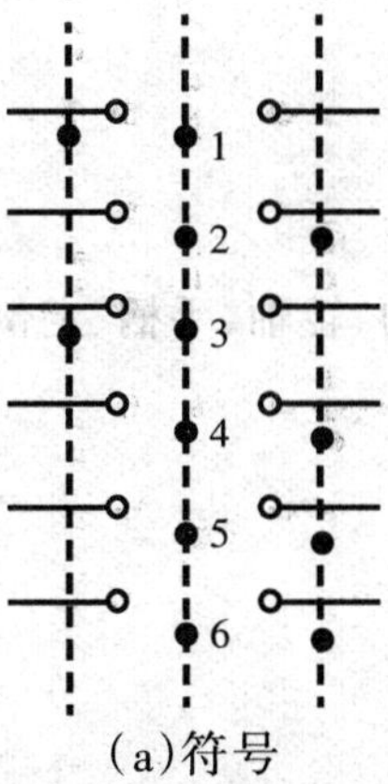

(a)符号

触点号	1	0	2
1	×	×	
2		×	×
3	×	×	
4		×	×
5		×	×
6		×	×

(b)触头分合表

图5-3-8

五、万能转换开关的选用

主要根据用途、接线方式、所需触头挡数和额定电流来选择万能转换开关。

六、万能转换开关的安装与使用

1. 万能转换开关的安装位置应与其他电气元件或机床的金属部件之间留出一定间隙，以免在通断过程中因电弧喷出而发生对地短路故障。

2. 万能转换开关一般应水平安装在屏板上，但也可以倾斜或垂直安装。

3. 万能转换开关用来控制电动机时，LW5系列只能控制5.5 kW以下的小容量电动机。若用于控制电动机的正／反转，则只有在电动机停止后才能反向起动。

4. 万能转换开关本身不带保护，使用时必须与其他电器配合。

5. 当万能转换开关有故障时，必须立即切断电路，检查有无妨碍可动部分正常转动的故障，检查弹簧有无变形或失效、触头是否处于正常工作状态等。

知识四　主令控制器

一、主令控制器的用途

主令控制器主要用于电力拖动系统中，按照预定的程序分合触头，向控制系统发出指令，通过接触器以达到控制电动机的起动、制动、调速及反转的目的，同时也可实现控制线路的连锁作用(用于起重设备的磁力控制)。常用的凸轮非调整式主令控制器，是一种采用机械传动杠杆手动操作的多挡位、多控制回路的控制器。

二、主令控制器的型号与含义

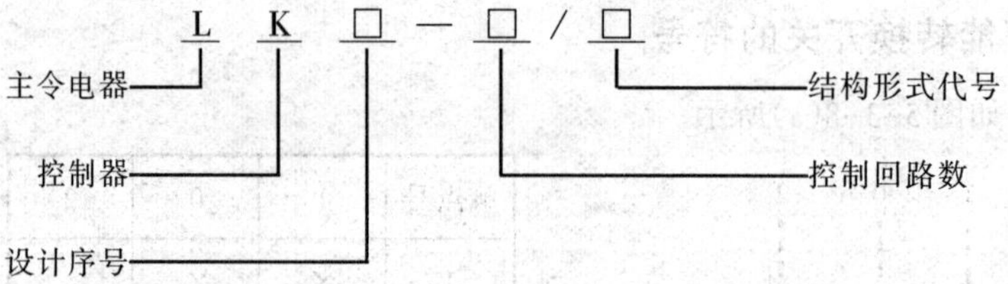

三、主令控制器的结构

其结构如图5-3-9所示，主要由接触系统、操作机构、转轴、手柄、定位机构等部件组成。

四、主令控制器的符号

其符号如图5-3-10所示。

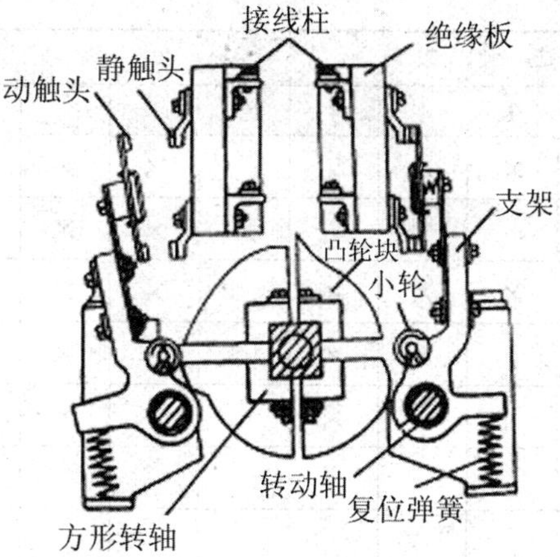

图 5-3-9

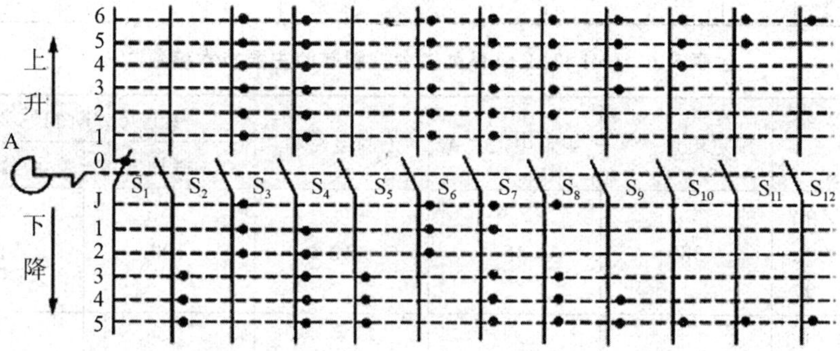

图 5-3-10

五、主令控制器的选用

1. 根据控制电源、控制支路数确定额定电压和额定电流。
2. 根据使用环境选择防护形式。
3. 根据控制要求选择控制回路数及操作挡位。
4. 根据触头分合表5-5特征确定产品型号。
5. 根据操作方式选择凸轮调整式或非调整式。

LK1和LK14系列主令控制器的主要技术参数见表5-6。

表 5-5　主令控制器触头分合表

触头	下降							上升					
	5	4	3	2	1	J	0	1	2	3	4	5	6
S1							×						
S2	×	×	×										
S3				×	×	×		×	×	×	×	×	×

续表 5-5

触头	下降							上升					
	5	4	3	2	1	J	0	1	2	3	4	5	6
S4	×	×	×	×	×			×	×	×	×	×	×
S5	×	×	×					×	×	×	×		
S6				×	×	×		×	×	×	×	×	×
S7	×	×	×		×	×		×	×	×	×	×	×
S8	×	×	×			×			×	×	×	×	×
S9	×	×								×	×	×	×
S10	×										×	×	×
S11	×											×	×
S12	×												×

表 5-6　LK1 和 LK14 系列主令控制器的主要技术参数

型号	额定电压 / V	额定电流 / A	控制电路数	接通与分断能力 / A	
				接通	分断
LR1-12 / 90 LK1-12 / 96 LK1-12 / 97	380	15	12	100	15
LK14-12 / 90 LK14-12 / 96 LK14-12 / 97	380	15	12	100	15

实训　主令电器的识别与检修

一、实训目的

1. 熟悉常用主令电器的外形、基本结构和作用。

2. 能正确地拆卸、组装及检修常用主令电器。

二、实训所需器材

1. 工具：尖嘴钳、螺钉旋具、活扳手。

2. 仪表：MF47 型万用表一只、绝缘电阻表。

3. 器材：不同规格的按钮、位置开关、万能转换开关和主令控制器（具体规格可由指导教师根据实际情况给出）。

三、实训内容

1. 主令电器的识别。

2. 主令控制器的基本结构与测量。

四、实训步骤及要求

1. 在教师指导下,仔细观察不同种类、不同结构形式的主令电器的外形和结构特点。

2. 由指导教师从所给主令电器中任选五种,用胶布盖住型号并编号,由学生根据实物写出其名称、型号及结构形式,填入表5-7中。

3. 用绝缘电阻表测量主令控制器各触头部分的对地电阻,其值应不小于0.5 MΩ。

4. 用万用表依次测量手柄置于不同位置时各触头的通断情况,根据测量结果制作出主令控制器的触头分合表。

5. 打开主令控制器的外壳,仔细观察其结构和动作过程,写出主要零部件的名称并叙述主令控制器的动作原理。

表5-7　主令电器的识别

序号	1	2	3	4	5
名称					
型号					
结构形式					

检测与评估

检测项目	评分标准	分　值	学生自评	教师评估
主令电器的识别	1. 写错或漏写名称,每只扣5分 2. 写错或漏写型号,每只扣5分 3. 漏写一个主要部件扣4分	40		
主令控制器的测量	1. 仪表使用方法错误扣10分 2. 测量结果错误,每次知5分 3. 制作不出触头分合表扣20分 4. 触头分合表错误,每处扣20分	30		
主令控制器的动作原理	1. 检查方法不正确扣10分 2. 不能正确地写出主要零部件名称扣10分 3. 主令控制器动作原理叙述不正确扣10分	30		
安全文明生产	违反安全文明生产操作规程,从总分中扣5～10分			
定额时间90 min	每超时5 min扣5分			
备　注	除定额时间外,各项目的最高扣分不应超过配分		成　绩	
开始时间	结束时间	实际时间		

任务四　交流接触器的拆装和校验

知识　交流接触器

交流接触器是一种远距离控制电器，它的作用与刀开关相同，但它能用于频繁接通或分断的交、直流电路中，因具有控制容量大，能实现远距离自动操作和失(欠)压保护功能等优点，所以被广泛应用在自动化控制系统中。

一、外形与结构

交流接触器主要由电磁系统、触头系统、灭弧装置及辅助部件等组成。CJ10-20型交流接触器的结构如图5-4-1所示。

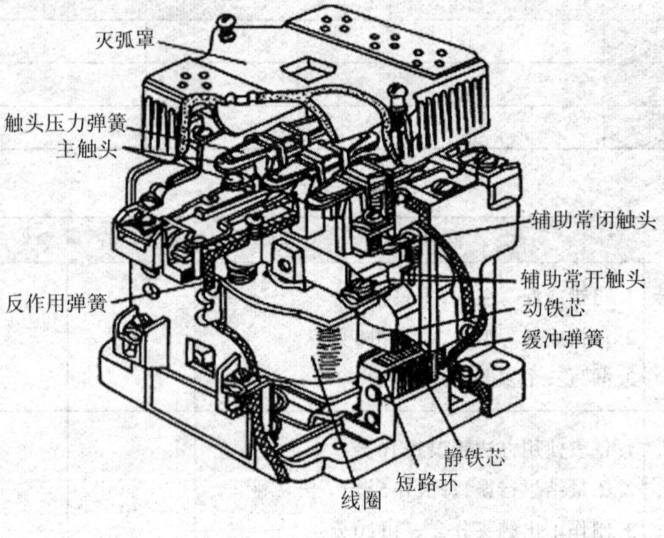

图5-4-1

1. 电磁系统

交流接触器的电磁系统主要由线圈、铁芯(静铁芯)和衔铁(动铁芯)三部分组成。为了减少工作过程中的涡流及磁滞损耗，避免铁芯过热，交流接触器的铁芯和衔铁一般采用E形硅钢片叠压铆成。为了消除衔铁振动产生的噪声，E形铁芯的端部各有一个短路环(也称减振环或分磁环)。

2. 触头系统

交流接触器触头按通断能力划分，可分为主触头和辅助触头，触头的图形符号和文字符号如图5-4-2所示。主触头的接触面较大，用于通断电流较大的主电路，一般由三对常开触头组成。辅助触头的接触面较小,用于通断电流较小的控制电路,一般由两对常开触头和两对常闭触头组成。所谓常开和常闭是指交流接触器未动作时触头的通断状态。当线圈通电时,常闭触头先断开,常开触头后闭合;而线圈断电时,常开触头先恢复断开,常闭触头后恢复闭合。

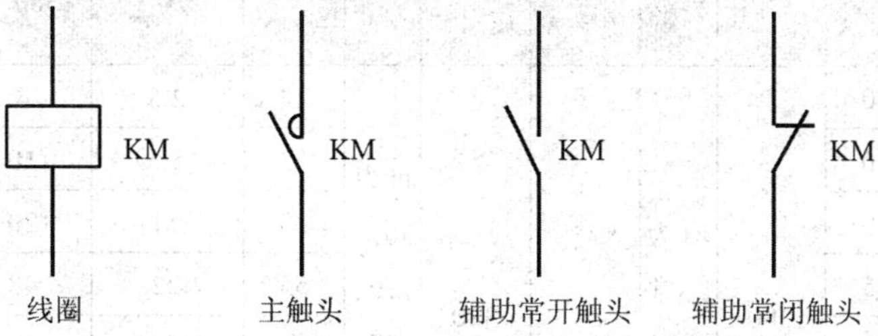

图5-4-2

3. 灭弧装置

交流接触器在断开大电流或高电压电路时,动、静触头之间会产生很强的电弧,灭弧装置的作用就是使电弧尽快熄灭。

4. 辅助部件

交流接触器的辅助部件有弹簧、传动机构、底座和接线柱等。

二、工作原理

交流接触器的线圈通电后,电流产生的磁场使铁芯产生足够大的吸力,克服反作用弹簧的弹力,将衔铁吸合,衔铁带动触头动作,使常闭触头先断开,常开触头后闭合。当接触器线圈失电时,由于电磁力消失,衔铁在反作用弹簧的作用下复位,带动触头恢复到原始状态。

三、选用

1. 选择接触器主触头的额定电流

当接触器控制电阻性负载时,主触头的额定电流应等于或稍大于负载的额定电流;当接触器控制电动机时,主触头的额定电流应大于或稍大于电动机的额定电流。若接触器用在频繁起动、制动及正/反转的场合,应该选择大一个等级的交流接触器。

2. 选择交流接触器线圈的额定电压

交流接触器线圈的额定电压应等于线圈工作时的线路电压。

CJO系列与CJ10系列交流接触器的基本技术数据如表6-8所示。

表 5-8 CJO与CJ10系列交流接触器的基本技术数据

型号	主触头			辅助触头			线圈		可控制三相异步电动机的最大功率/kW		额定操作频率/(次/h)
	对数	额定电流/A	额定电压/V	对数	额定电流/A	额定电压/V	电压/V	功率/V·A	220 V	380 V	
CJO-10	3	10	380	均为2常开、2常闭		380	可为36、110、127、220、380	14	2.5	4	≤1200
CJO-20	3	20						33	5.5	10	
CJO-40	3	40						33	11	20	
CJO-75	3	75						55	22	40	≤600
CJ10-10	3	10						11	2.2	4	
CJ10-20	3	20						22	5.5	10	
CJ10-40	3	40						32	11	20	
CJ10-60	3	60						70	17	30	

四、安装和使用

1. 安装前检查交流接触器的铭牌与线圈的技术数据是否符合工作要求;检查交流接触器可动部分是否灵活;检查外观是否完整等。

2. 交流接触器应垂直安装,倾斜度应小于5°。

3. 交流接触器应定期检查,定期清扫。

4. 不允许在拆卸灭弧罩后使用交流接触器,以免发生短路事故。

5. 应尽量避免在潮湿、多粉尘、腐蚀性、易爆炸、强振动等恶劣环境中使用。

实训 交流接触器的拆装与检修

一、实训目的

1. 熟悉交流接触器的结构和触头分布情况。

2. 学会正确地拆卸、安装交流接触器,排除电磁系统的一般故障,更换受损零部件。

3. 掌握交流接触器的检修方法和步骤。

二、实训所需器材

1. 工具:尖嘴钳、螺钉旋具、电工刀、剥线钳、镊子等。

2. 仪表:电流表、电压表、万用表。

3. 器材:调压变压器、指示灯、二极和三极开关、连接导线、交流接触器CJ10-10等。

三、实训内容

1. 交流接触器的拆卸与装配。

2. 交流接触器常见故障的检修。

四、实训步骤及要求

1. 拆卸

(1)用尖嘴钳拉出主触头与辅助触头的动触头。

(2)松开静触头接线柱螺钉,取下静触头。

(3)松开接触器底部的盖板螺钉,取下盖板。在松开盖板螺钉时,要用手按住盖板、慢慢放松。

(4)取下静铁芯缓冲绝缘纸片。

(5)取下静铁芯支架及缓冲弹簧。

(6)拔出线圈接线端的弹簧夹片,取下线圈。

(7)依次取下反作用弹簧、衔铁、支架、动铁芯。

在拆卸过程不允许硬撬,以免损坏电器。

2. 装配

按拆卸的逆顺序进行装配。

3. 触头认识与检查

(1)观察触头分合情况,分清常开、常闭触头,画出触头分布示意图。

(2)用手按动触头架,观察是否灵活、有无卡阻现象。

4. 校验

(1)将检查后的接触器按图5-4-3所示连接好线路。

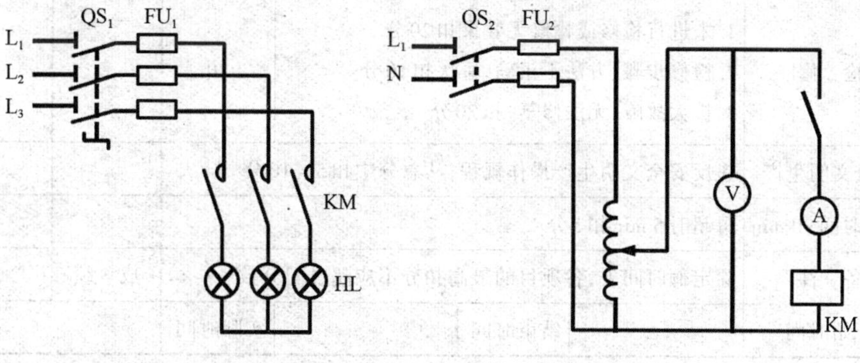

图5-4-3

(2)选好电流表、电压表量程并校零,调压器输出置于零位。

(3)合上两个电源开关,均匀调节调压器,使电压上升直到接触器铁芯完全吸合为止,此时电压表指示值即为接触器动作值(吸合电压)。

(4)开关"QS_2",做冲击合闭试验,校验动作的可靠性。

(5)均匀调节变压器,使电压降低至接触器铁芯完全分离,此时电压表指示值即为接触器的释放电压。

(6)将电压调至接触器线圈的额定电压,观察接触器的振动、噪声及指示灯的明暗情况。

检测与评估

检测项目	评分标准	分　值	学生自评	教师评估
元器件认识	1. 不知道零部件名称,每个扣2分 2. 不知道零部件作用,每个扣2分	20		
拆卸与装配	1. 拆卸步骤及方法不正确,每次扣5分 2. 拆装不熟练扣5~10分 3. 丢失零部件,每件扣10分 4. 拆卸后不能组装扣20分 5. 损坏零部件扣20分	20		
校　验	1. 不知道校验方法扣10分 2. 校验方法不正确扣5分 3. 校验结果不正确扣10~20分	20		
调整触头压力	1. 不能凭经验判断触头压力的大小扣10分 2. 不会测量触头压力扣10分 3. 触头压力测量不准确扣10分 4. 触头压力调整方法不正确扣10分	20		
检　修	1. 未进行检修或检修无效果扣20分 2. 检修步骤、方法不正确,每次扣10分 3. 扩大故障(无法修复)扣20分	20		
安全文明生产	违反安全文明生产操作规程,从总分中扣5~10分			
定额时间90 min	每超时5 min扣5分			
备　注	除定额时间外,各项目的最高扣分不应超过配分数		成　绩	

开始时间		结束时间		实际时间	

任务五　热继电器的认识和校验

知识　热继电器

热继电器是利用流过继电器的电流所产生的热效应而引起动作的继电器。它主要用于电动机的过载保护。

一、外形与结构

热继电器的外形、结构和符号如图 5-5-1 和图 5-5-2 所示，JR0、JR16 系列热继电器的基本技术数据见表 5-9。

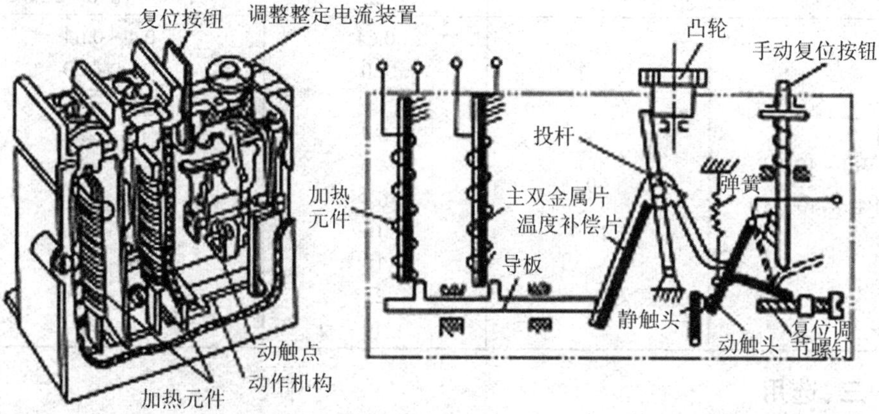

图 5-5-1

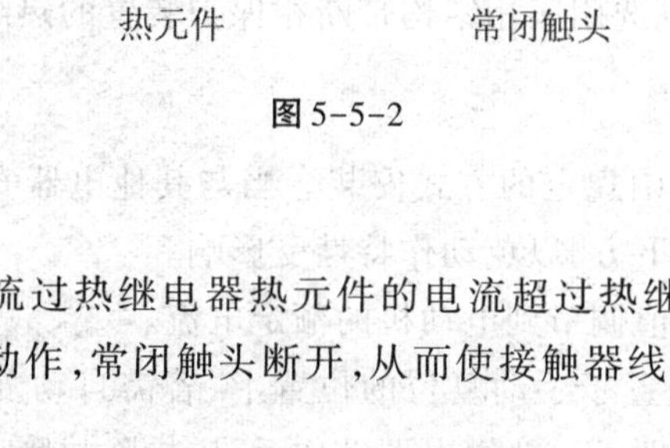

图 5-5-2

二、工作原理

当电动机过载时，流过热继电器热元件的电流超过热继电器的额定电流，使双金属片弯曲，动作机构动作，常闭触头断开，从而使接触器线圈失电，将电源切除，起保护作用。

表5-9 JR0、JR16系列热继电器的基本技术数据

型 号	额定电流/A	热元件等级	
		额定电流/A	刻度电流调节范围/A
JR0—20/3 JR0—20/3D JR16—20/3 JR16—20/3D	20	0.35 0.5 0.72 1.1 1.6 2.4 3.5 5.0 7.2 11 16 22	0.25～0.3～0.35 0.32～0.4～0.5 0.45～0.6～0.72 0.68～0.9～1.1 1.0～1.3～1.6 1.5～2.0～2.4 2.2～2.8～3.5 3.2～4.0～5.0 4.5～6.0～7.2 6.8～9.0～11.0 10.0～13.0～16.0 14.0～18.0～22.0
JR0—40/3 JR16—40/3D	40	0.64 1.0 1.6 2.5 4.0 6.4 10 16 25 40	0.4～0.64 0.64～1.0 1.0～1.6 1.6～2.5 2.5～4 4～6.4 6.4～10 10～16 16～25 25～40

三、选用

主要是根据所保护电动机的额定电流来确定热继电器的规格和热元件的电流等级。

1. 选择热继电器的规格。一般应使热继电器的额定电流略大于电动机的额定电流。

2. 选择热元件的电流等级。热元件的额定电流一般为电动机额定电流的9.5%～100%。

3. 选择热继电器的结构形式。接法为"Y"的电动机选用普通三相结构的热继电器,接法为"△"的电动机选用三相结构带断相保护装置的热继电器。

四、安装和使用

1. 按照产品说明书中规定的方式安装。当与其他电器安装在一起时,应注意将其装在其他发热电器的下方,以免动作特性受影响。

2. 热继电器的额定值调节到电动机的额定电流。

3. 热继电器一般应置于手动复位的位置上,若需自动复位,将复位调节螺钉沿顺时针方向向里旋几转即可。热继电器动作后,应排除故障后再复位。

实训　热继电器的拆装与检修

一、实训目的

1. 熟悉热继电器的构造，了解热继电器各零部件的作用。
2. 掌握热继电器的校验方法和步骤。

二、实训所需器材

1. 工具：尖嘴钳、螺钉旋具、电工刀、剥线钳、镊子等。
2. 仪表：交流电流表、秒表。
3. 器材：热继电器、调压变压器、电流互感器、二极开关、指示灯、导线。

三、实训内容

1. 认识热继电器。
2. 校验热继电器。

四、实训步骤及要求

1. 认识热继电器

(1)仔细观察热继电器的外部结构及内部构造，分析各零部件的作用。

(2)画出热继电器触头示意图。

2. 校验热继电器

(1)按图5-5-3接好校验电路，将调压变压器的输出调到零位置，热继电器额定值旋钮置于额定值处。

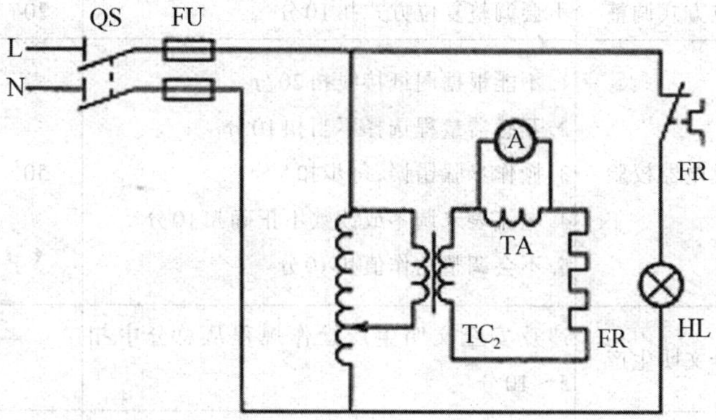

图5-5-3

(2)经指导老师检查同意后合上电源开关“QS”，指示灯“HL”亮。

(3)均匀调节调压变压器，使电流升至热继电器热元件额定值后，停留长时间(1 h内)不动作。

(4)将电流调至1.2倍额定电流，热继电器应在20 min内动作，且指示灯HL灭；

若20 min内热继电器不动作,则应调节旋钮减小额定值。

(5)将电流降至零,待热继电器冷却复位后,调节电流至1.5倍额定值,应在2 min以内动作,指示灯“HL”灭。再将电流降至零,待热继电器冷却复位后,快速调升电流至6倍额定值,断开开关。

(6)开关“QS”随即合上,合上开关“QS”的同时按动秒表计时,热继电器动作时间大于5 s。

五、注意事项

1. 电流互感器通电过程中,二次侧电流表回路不可开路,接线时线头必须按规范连接。

2. 必须弄清调压变压器的一次、二次绕组端,且接线正确。

3. 校验时环境温度应尽量接近工作环境温度。

4. 在指导老师监护下进行通电校验。

检测与评估

检测项目		评分标准	分值	学生自评	教师评估
任务知识内容	热继电器结构的初步认识	1. 不能指出热继电器各部件位置,每个扣4分 2. 不清楚各外部件的名称与作用,每个扣5分	20		
	选用	不会根据电动机选择热继电器扣10分	10		
任务操作技能	复位方式调整	不会调整复位方式扣10分	20		
	热继电器校验	1. 不能根据图纸接线扣20分 2. 互感器量程选择不当扣10分 3. 操作步骤错误,每步扣5分 4. 电流表未调零或读数不正确扣10分 5. 不会调整动作值扣10分	50		
	安全文明生产	违反安全文明生产操作规程从总分中扣5~10分			
	定额时间90 min	每超时10 min扣5分			
	备　注	除定额时间外,各项目的最高扣分不超过配分			
开始时间		结束时间		实际时间	

任务六 时间继电器与速度继电器的拆装与检验

知识一 时间继电器

时间继电器是一种利用电磁原理或机械动作原理来延时对触头闭合或分断的自动控制电器。时间继电器按照延时的工作原理不同可分为电动式、空气阻尼式、钟表式、晶体管式等。空气阻尼式时间继电器结构简单，延时范围比较大，但延时精度低。电动式和钟表式时间继电器延时准确性高，延时调节范围大，但结构复杂、价格高、机械寿命短。半导体式时间继电器延时范围和精度介于电动式和空气阻尼式两种时间继电器之间，采用电子线路，应用范围越来越广泛。常用的JS20系列晶体管时间继电器，是全国推广的统一设计产品，作为时间控制元件用于交流50Hz、电压380 V或直流110 V及以下的控制电路中，可以按预定的时间延时，周期性地接通或分断电路。JS7-A系列空气阻尼式时间继电器，在电力拖动线路中应用较多，可分为通电延时动作型和断电延时动作型两种，它的结构简单，延时范围较宽(0.4～180 s)。一般用于交、直流控制电路做延时元件，用于从接收电信号至触头动作需延时的场合。

一、外形与结构

JS7-A系列时间继电器的外形与结构如图5-6-1所示，符号如图5-6-2所示，技术数据见表5-10。

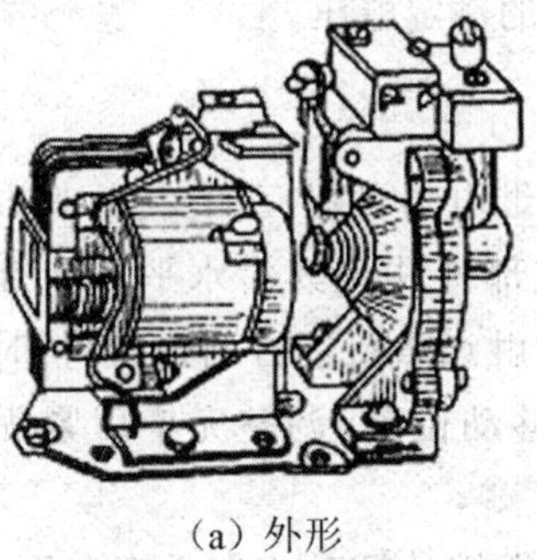

(a) 外形

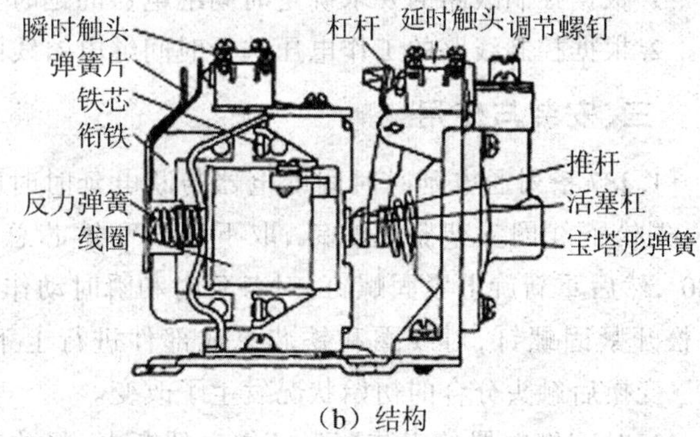

(b) 结构

图5-6-1

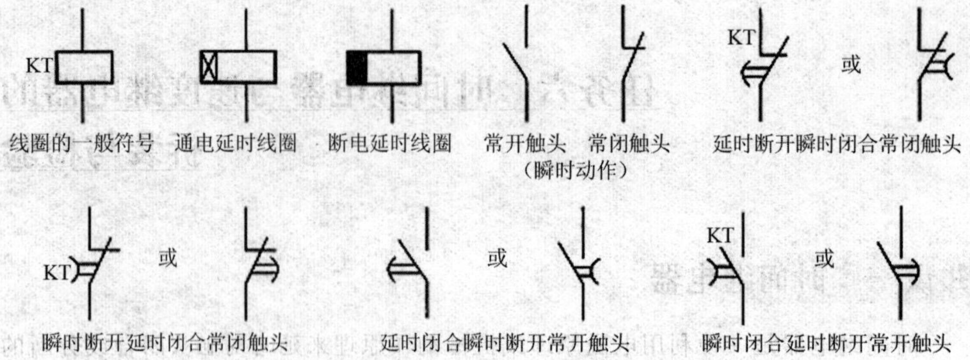

图 5-6-2

表 5-10 JS7 系列时间继电器的基本技术数据

<table>
<tr><th rowspan="3">型 号</th><th colspan="2" rowspan="2">瞬时动作触头对数</th><th colspan="4">有延时的触头对数</th><th rowspan="3">触头额定电压／V</th><th rowspan="3">触头额定电流／A</th><th rowspan="3">线圈电压／V</th><th rowspan="3">延时范围／s</th><th rowspan="3">额定操作频率／（次/h）</th></tr>
<tr><th colspan="2">通电延时</th><th colspan="2">断电延时</th></tr>
<tr><th>常开</th><th>常闭</th><th>常开</th><th>常闭</th><th>常开</th><th>常闭</th></tr>
<tr><td>JS7-1A</td><td>—</td><td>—</td><td>1</td><td>1</td><td>—</td><td>—</td><td rowspan="4">380</td><td rowspan="4">5</td><td rowspan="4">24、36、110、127、220、380、420</td><td rowspan="4">0.4～60 及 0.4～180</td><td rowspan="4">600</td></tr>
<tr><td>JS7-2A</td><td>1</td><td>1</td><td>1</td><td>1</td><td>—</td><td>—</td></tr>
<tr><td>JS7-3A</td><td>—</td><td>—</td><td>—</td><td>—</td><td>1</td><td>1</td></tr>
<tr><td>JS7-4A</td><td>1</td><td>1</td><td>—</td><td>—</td><td>1</td><td>1</td></tr>
</table>

二、选用

1. 根据控制线路的要求确定时间继电器的延时方式与对瞬时动作触头的要求。

2. 根据控制线路的工作电压选择时间继电器线圈的额定电压。

三、安装与使用

1. JS7 系列通电延时时间继电器与断电延时时间继电器可以互相变换，其方法是：先松下线圈支架紧固螺钉，取下线圈和铁芯总成部件并将其沿水平方向旋转 180°，然后重新旋上紧固螺钉；对各延时和瞬时动作的触点重新进行调整，调整时可以松开紧固螺钉，对线圈和铁芯总成部件进行上下移动位置，调整完毕后紧固螺钉。变换后触头分合的初始状况发生了改变。

2. 时间继电器的安装要保证继电器断电，释放时衔铁的运动方向垂直向下，其倾斜度不得超过 5°。

3. 时间继电器金属底板上的接地螺钉必须与接地线可靠连接。

4. 时间继电器应经常清除灰尘及油污，以免增大延时时间。

知识二　速度继电器

当电动机的转速达到一定值时，速度继电器动作，从而接通或分断电路。速度继电器常用来与交流接触器配合实现对电动机的反接制动。

速度继电器的动作转速一般不低于300 r / min，复位转速约为100 r / min。

一、外形、结构和符号

JY1型速度继电器的外形、结构和符号如图5-6-3所示。

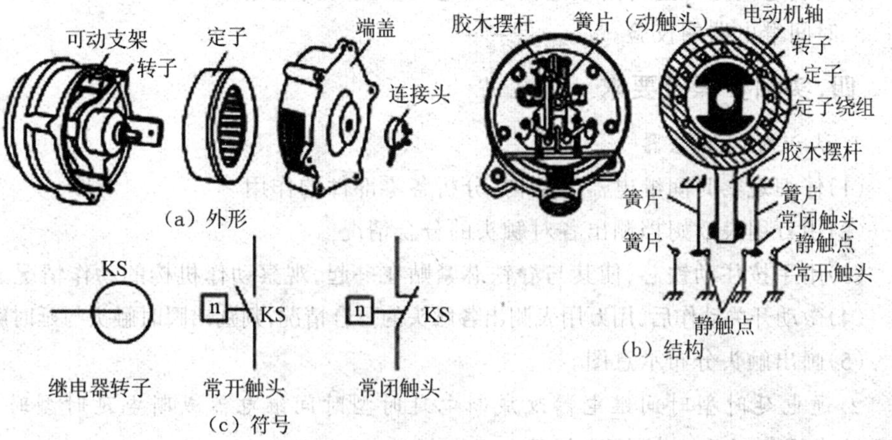

图5-6-3

二、选用

主要依据所需控制的转速大小、触头数量来选用速度继电器。

三、安装和使用

1. 速度继电器的转轴应与电动机同轴连接，且两轴的中心重合。

2. 速度继电器正反触头不能接错，否则不能实现反接制动控制。

3. 金属外壳要可靠接地。

实训　时间继电器的拆装与校验

一、实训目的

1. 熟悉时间继电器的构造。

2. 学会通电延时时间继电器和断电延时时间继电器的变换，掌握变换后触头分合状况的改变情况。

3. 掌握时间继电器的校验方法和步骤。

二、实训所需器材

1. 工具:尖嘴钳、螺钉旋具、电工刀、剥线钳、镊子等。

2. 仪表:万用表、秒表各一块。

3. 器材:JS7-2A型时间继电器、组合开关、熔断器、按钮、指示灯、电线。

三、实训内容

1. 认识时间继电器。

2. 改装通电延时型时间继电器与断电延时型时间继电器。

3. 时间继电器的校验。

四、实训步骤及要求

1. 认识时间继电器

(1)仔细观察时间继电器的结构,分析各零部件的作用。

(2)用万用表欧姆挡测出各对触头的分合情况。

(3)用手按住动铁芯,使其与静铁芯紧贴在一起,观察动作机构的动作情况。

(4)微动开关动作后,用万用表测出各触头的分合情况,判别出瞬时触头与延时触头。

(5)画出触头分布示意图。

2. 通电延时型时间继电器改成断电延时型时间继电器或断电延时型时间继电器改成通电延时型时间继电器

(1)松下线圈支架紧固螺钉,取下线圈和铁芯总成部件。

(2)将线圈和铁芯总成部件沿水平方向旋转180°,然后重新旋上紧固螺钉。

(3)用手按住动铁芯,使其与静铁芯紧贴在一起,观察延时触头和瞬时触头的动作情况,通过线圈和铁芯总成部件的上移或下移,使时间继电器动作稳定、可靠。

(4)用万用表测出各触头的分合情况,与改变类型前相比,触头的原始分合情况有何不同。

3. 通电校验

(1)将时间继电器改变类型后,按图5-6-4接好校验电路。

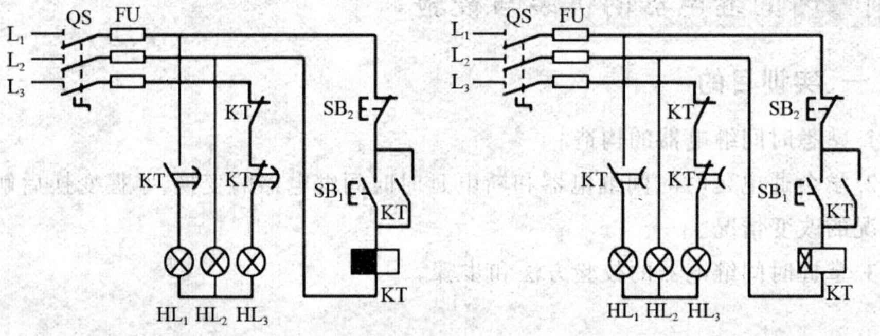

图5-6-4

(2)经指导老师检查后,合上电源开关"QS","HL_2"、"HL_3"指示灯亮。

(3)(通电延时型)按下按钮"SB_1"的同时,按下秒表,当时间继电器动作,当指示灯"HL_3"暗,指示灯"HL_2"、"HL_1"亮时再按下秒表,记下延时时间。

(4)(断电延时型)按下按钮"SB_2"的同时,按下秒表,当指示灯"HL_3"暗,指示灯"HL_2"、"HL_1"亮时再按下秒表,记下延时时间。

(5)连续检验几次,要求各触点工作良好,每次动作的延时时间一致。

检测与评估

检测项目		评分标准	分值	学生自评	老师评估
任务知识内容	时间继电器结构的初步认识	不清楚各外部件的名称与作用每个扣5分	20		
	选　用	不会选择时间继电器扣10分	10		
任务操作技能	时间继电器的检测	1. 不会检测时间继电器的瞬时触头与延时触头扣5分 2. 不会观察动作机构的动作情况扣5分 3. 不会用万用表欧姆挡测各对触头分合情况扣5分	20		
	时间继电器的整修和改装	1. 丢失或损坏零件每件扣10分 2. 改装错误或扩大故障扣20分 3. 整修和改装步骤、方法不正确每次扣5分 4. 整修和改装不熟练扣10分 5. 整修和改装后不能装配、不能通电扣30分	30		
	时间继电器的校验	1. 不知检验方法扣10分 2. 校验方法不正确每步扣5分 3. 通电校验不符合要求扣10分 4. 安装元件不牢固或漏接接地线扣10分	20		
	安全文明生产	违反安全文明生产操作规程从总分中扣5~10分			
	定额时间 1.5 h	每超时10 min扣5分			
	备　注	除定额时间外,各项目的最高扣分不超过配分			
开始时间		结束时间		实际时间	

练习题五

一、判断题(下列判断题中正确的请在括号内打“√”,错误的请打“×”)

1. 低压开关、交流接触器、继电器、主令电器、电磁铁等都属于低压控制电器。( )
2. 我国现在使用的电气技术中的文字符号标准是1987的标准GB7159—1987《电气技术中的文字符号制订通则》,其代替了GB315—1964。( )
3. 选用低压电器时,要根据用电设备使用场所的自然环境条件、用电设备的性质和技术参数(功率、电压、电流、频率、定额)及价格因素等方面综合考虑来选择合适的低压电器。( )
4. 熔断器熔体额定电流允许在超过熔断器额定电流的情况下使用。( )
5. RM10系列无填料封闭管式熔断器多用于低压电力网和成套配电装置中,其分断能力很大,可多次切断电路,不必更换熔断管。( )
6. HZ3系列转换开关是有限位型转换开关,它只能在90°范围内旋转,有定位限制,即所谓两位置转换类型。例如:HZ3-132型转换开关的手柄,有“倒”、“顺”、“停”三个位置,手柄只能从“停”位置,左转90°和右转90°。( )
7. 低压断路器集控制和多种保护于一身,其整定电流表示开关的脱扣器不动作时的最大电流。( )
8. 交流接触器线圈一般做成薄而长的圆筒状,且不设骨架。( )
9. 直流接触器和交流接触器的工作原理相同。( )
10. 主令控制器是用来顺序操纵多个控制回路的主令电器,型号是LK系列。( )
11. 中间继电器是将一个输入信号变成一个或多个输出信号的继电器。( )
12. 过电流继电器的线圈安装在电动机主电路中,其常闭触头安装在电动机接触器的控制回路中。( )
13. 零压继电器接于被测电路中,一般在动作电压为0.1~0.35 V时对电路进行零压保护。( )
14. 一般速度继电器的转轴转速达到120 r/min以上时,其触头就动作。( )
15. 热继电器的主双金属片与作为温度补偿元件的双金属片,其弯曲方向相同。( )
16. 晶体管时间继电器也称半导体时间继电器或电子式时间继电器。( )
17. 常用的压力继电器有Y1系列、TE52系列和YT1226系列等。( )

18. 电磁离合器制动属于电气制动。（　）
19. 电磁铁是利用电磁吸力来操纵和牵引机械装置以完成预期的动作，或用于钢铁零件的吸持固定、铁磁物体的起重搬运等，因此它也是将电能转换为机械能的一种低压电器。（　）
20. 为保证安全，铁壳开关上设有机械连锁装置，以保证在闸刀合闭后，箱盖不能打开，当箱盖开启后又不能合闸。（　）

二、单项选择题（下列每题中有多个选项，其中只有1个是正确的，请将正确答案的代号填在横线空白处）

1. 欲控制容量为3 kW的三相异步电动机的通断，若选脱扣器额定电流为I_r=6.5 A，型号为DZ5-20/330的自动空气开关进行控制，____安装熔断器作为短路保护。

A. 需要　B. 不需要

C. 可安装也可不　D. 视环境确定是否

2. 螺旋式熔断器在电路中的正确装接方法是____。

A. 电源线应接熔断器上接线柱，负载线应接下接线柱

B. 电源线应接熔断器下接线柱，负载线应接上接线柱

C. 没有固定规律，可随意连接

D. 电源线应接瓷座，负载线应接瓷帽

3. 熔断器在低压配电系统和电力拖动系统中主要起____保护作用，因此熔断器属保护电器。

A. 轻度过载　B. 短路　C. 失压　D. 欠压

4. 下列型号的开关中属左右转换操作手柄的是____。

A. HZ10-25/3　B. HK1-30/3

C. HH4-30/3　D. HK2-30/2

5. 下列开关中有灭弧装置的是____。

A. HKI-30/2　B. HH4-30/3

C. HK1-30/2　D. HZ10-25/3

6. DZ10-100/330脱扣器额定电流1—40 A是塑壳式空气断路器的铭牌数据，则该断路器的瞬时脱扣动作整定电流是____。

A. 40 A　B. 200 A　C. 400 A　D. 50 A

7. 交流接触器由____组成。

A. 操作手柄、动触刀、静夹座、进线座、出线座和绝缘底板

B. 主触头、辅助触头、灭弧装置、脱扣装置、保护装置、动作机构

C. 电磁机构、触头系统、灭弧装置、辅助部件等

D. 电磁机构、触头系统、辅助部件、外壳

8. 容量为10 kW的三相异步电动机用接触器正转遥控，不频繁操作，应选用的接

触器的型号是____。

A. CJ10-10 / 3　　B. CJ10-20 / 3

C. CJ10-60 / 3　　D. C.J10-100/3

9. 下列电器属于主令电器的是____。

A. 刀开关　B. 接触器　C. 熔断器　D. 按钮

10. 下列型号属于主令电器的是____。

A. CJ 10-40 / 3　　B. RLI-15 / 2

C. JLXK-211　　D. DZ10-100/330

11. 中间继电器的工作原理是____。

A. 电流化学效应　　B. 电流热效应

C. 电流机械效应　　D. 与接触器完全相同

12. JZ7系列中间继电器触头采用双断点结构，上、下两层各有四对触头，下层触头只能是常开的，故触头常开与常闭组合可有____种形式。

A. 3　B. 2　C. 5　D. 4

13. 速度继电器的作用是____。

A. 限制运行速度　B. 速度计量　C. 反接制动　D. 能耗制动

14. 在反接制动中，速度继电器____，其触头接在控制电路中。

A. 线圈串接在电动机主电路中

B. 线圈串接在电动机控制电路中

C. 转子与电动机同轴连接

D. 转子与电动机不同轴连接

15. 热继电器是利用电流的____来推动动作机构使触头系统闭合或分断的保护电器。

A. 热效应　B. 磁效应　C. 机械效应　D. 化学效应

16. 10 kW三相异步电动机定子绕组△接线，用热继电器做过载保护，其型号应选____最合适。

A. JR16-20 / 3，热元件额定电流为22 A，调整范围为14～22 A

B. JRCh20 / 3D，热元件额定电流为22 A，调整范围为14～22 A

C. JR15-40 / 2，热元件额定电流为24 A，调整范围为15～24 A

D. JR1420 / 3D，热元件额定电流为11 A，调整范围为6.8～11 A

17. JS17系列电动式时间继电器由____等部分组成。

A. 电磁机构、触头系统、灭弧装置、其他辅件

B. 电磁机构、触头系统、气室、传动机构、基座

C. 同步电动机、离合电磁铁、减速齿轮、差动轮系、复位游丝、延时触点、瞬时触点、推动延时接点、脱扣机构、凸轮

D. 延时环节、鉴幅器、输出电路、电源和指示灯

18. 下列型号的时间继电器属于电动式时间继电器的是____。

A. JS4A　　B. JS17-21

C. JS20-15D／10　　D. JSJ—M22

19. 电磁离合器的文字符号是____。

A. YH　　B. YT　　C. YL　　D. YC

20. 电磁铁主要由____部分组成。

A. 铁芯、衔铁、线圈及工作机械等

B. 电磁系统、触头系统、灭弧装置和其他辅件

C. 电磁机构、触头系统和其他辅件

D. 闸瓦、闸轮、杠杆、弹簧组成的制动器和电磁机构

三、技能试题

1. CJ-20型交流接触器的拆装及检修

(1)内容及操作要求

①拆卸、装配交流接触器。

②对拆卸下来的损坏部件作修复处理或更换。

③对装配好的接触器作通电校验。校验时按图5-6-5接线。

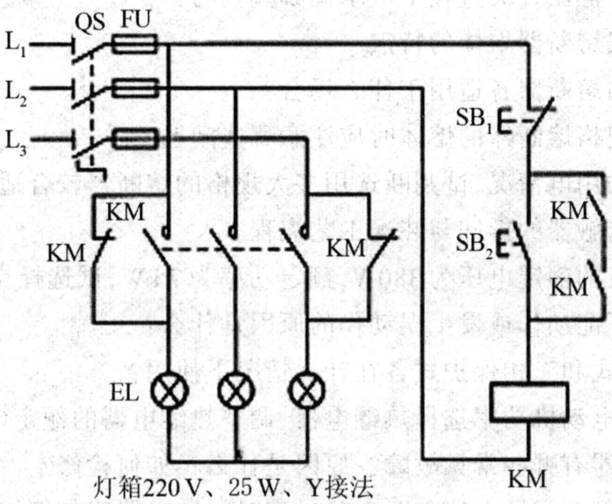

图5-6-5

2. 准备工作

(1)材料准备:CJ10-20交流接触器及备件、校验灯、组合开关、按钮、导线、劳保用品等。

(2)设备、工具及量具准备:常用电工工具、万用表。

3. 考核时限

30 min。

4. 评分项目及标准

项　目	考核要点	配　分	评分标准	扣分	得分
拆卸与装配	拆卸、装配方法正确，无零部件损坏、丢失和漏装	40分	1. 不会拆装或拆装方法不正确扣25分 2. 丢失、损坏或漏装零部件，每件扣5分		
检修与校验	1. 检修后通电校验应符合质量要求 2. 安全文明生产操作	60分	1. 检修后不能进行通电校验扣20分 2. 通电时有振动、噪声扣30分 3. 10次通电校验中，每一次不成功扣10分 4. 违反安全文明生产操作扣10分		
合　计		100分			

四、思考与练习

1. 在拆装各种低压开关时应注意哪些问题？
2. 在拆装各种低压开关过程中应掌握哪些技巧？
3. 简述螺旋式熔断器熔体的特点。
4. 各种型号的熔断器各适用于什么场合？
5. 更换各种规格熔断器的熔体时应注意哪些问题？
6. 根据你家的用电情况，试判断选用多大规格的熔断器较合适。
7. 简述交流接触器的拆卸与装配工艺流程。
8. 一台电动机的额定电压为380 V，额定功率为7 kW，试选择交流接触器。
9. 热继电器不能动作或发生误动作的原因是什么？
10. 二相保护式和三相保护式各在什么情况下使用？
11. 如何根据电动机功率选择热继电器、调整热继电器的额定电流？
12. 时间继电器有哪些常见故障？原因是什么？如何检修？
13. 通电延时型时间继电器与断电延时型时间继电器应如何校验？
14. 怎样选择时间继电器？
15. 怎样改装通电延时型时间继电器与断电延时型时间继电器？
16. 时间继电器的拆卸与装配有哪些注意事项？

项目六

三相交流异步电动机的控制线路

电动机在按照生产机械的要求运转时，需要一定的电气装置组成控制电路。由于生产机械的动作各有不同，所要求的控制电路也不一样，但各种控制电路总是由一些基本控制环节组成的。电动机常见的基本控制线路有：点动控制、正转控制、正/反转控制、位置控制、顺序控制、降压起动控制、调速控制和制动控制等线路。

知识目标

1. 了解电气控制线路电路图、布置图和接线图的特点，并掌握识读电气图的原则；
2. 掌握电动机的起动、正/反转、制动、调速控制线路的构成与工作原理；
3. 掌握位置控制、顺序控制、多地控制等各种典型控制线路的构成与工作原理。

技能目标

1. 学会电力拖动接线图的绘制；
2. 掌握电动机基本控制线路的安装、调试、检修的一般工艺；
3. 学会选择导线、整定电器。

任务一　三相异步电动机的正转控制线路

知识一　电路图和接线图

生产机械电气控制线路常用电路图和接线图来表示。

一、电路图

电路图是指用国家统一规定的电气图形符号和文字符号，按电气设备和电器的工作顺序，详细表示电路设备或成套装置的全部基本组成和直接关系，而不考虑其实际位置的一种简图。电路图主要供详细了解线路工作原理、分析和计算电路时使用。

1. 电路图的绘制

电路图的绘制应符合以下一些规定：

(1)电路图一般分主电路、控制电路、辅助电路三部分。

主电路是指某一生产设备中的动力部分，通过的电流较大，它由电源开关、电动机、交流接触器主触头、主熔断器、热继电器热元件等组成。电源画成水平，三相交流电的相序自上而下依次是L_1、L_2、L_3，中性线N和保护地线PE依次画在相线之下。直流电源的"＋"端在上，"－"端在下。其他画在电路图的左侧并垂直于电源电路。

控制电路反映控制主电路工作的控制电器的动作顺序以及用作其他控制要求的控制电器的动作顺序，它由按钮、交流接触器线圈及辅助触头、继电器辅助触头、控制电路熔断器等组成。控制电路电流一般不超过5 A，画在主电路右侧，且电路中下方画与电源线相连的线圈。

辅助电路是指设备中的信号、照明等电路。这部分一般包括控制按钮、信号灯、照明灯等。辅助电路要依次画在控制电路的右侧，且电路中下方画与电源线相连的耗能元件(信号灯、照明灯等)。

(2)电路图中各元件器件的工作状态，按下列规定操作：

①接触器和继电器的触点，以保持线圈未通电状态来表示。

②各种开关以在没有受外力作用的断开位置或零位位置来表示。

③电路图中采用国家统一规定的电气图形符号。

④电路图中，同一电器的各个元件按其在线路中的作用画在不同的支路中，但它的动作却是相互关联的。

2. 电路图的编号

为了便于电气控制电路的识读、安装、维修，对电路中的各个接点用字母或数字进行编号。

(1)主电路在电源开关的出线端按相序依次编号为U_{11}、V_{11}、W_{11}，然后按从上到下、从左到右的顺序，每经过一个电气元件，编号依次递增，如U_{12}、V_{12}、W_{12}；U_{13}、V_{13}、W_{13}……直到电动机的三根引出线端为止。单台电动机的三根引出线编号为U、V、W，多台电动机的引出端，可在字母前用不同的数字加以区别，如1 U、1 V、1 W；2 U、2 V、2 W……

(2)控制电路的编号按从上到下、从左到右的顺序用数字依次编码，每经过一个电气元件，编号要依次递增，如1、2、3、4、5……

(3)辅助电路的编号从101开始，不同功能的辅助电路从左到右依次递增100进行编号，如照明电路编号101开始，指示电路编号从201开始等。

3. 电路图的识读

对于各种电路，只有当其构成闭合回路时，电流才能流通，电气设备或元器件才能正常工作，因而，在阅读电路图时，应该找出电流流通的路径。图6-1-1所示的电路中有两个回路，一个是主电路，其电流路径是：三相电源L_1、L_2、L_3的一端→电源开关QS→主熔断器FU_1→接触器KM的主触头→热继电器FR→电动机定子绕组→三相电源另一端,构成闭合电流通路;另一个是控制回路,其电流路径是:电源L_1→主熔断器FU_1→控制回路熔断器FU_2→热继电器常闭触头FR→停止按钮SB_2→起动按钮SB_1(操作按钮时)或KM辅助常开触头(闭合自锁时)→线圈KM→控制回路熔断器FU_2→主熔断器FU_1→电源L_2→电源L_1,构成闭合电路。

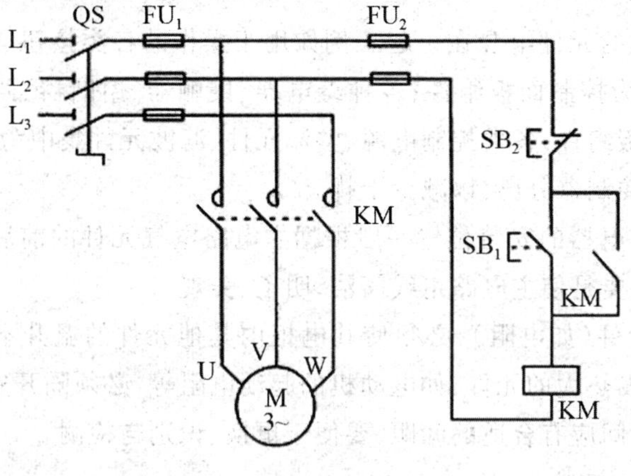

图6-1-1

要读懂电路图,应掌握一个原则,即控制电路按电力拖动要求程序去控制用电设备的工作状态。这样才能使脉络清楚,关系通顺。

要全面读懂电路图,还应注意以下几点:

(1)电气控制电路图是根据被控制设备的要求而设计的,所以在阅读前,首先要了解被控制对象的工作程序和对控制电路的基本要求,然后按阅读规则去读图;要先读主电路,后读控制电路。

(2)对于电气控制电路中的同一电器的各元件,不按它们的实际位置画在一起,而是按线路中所起的作用不同分别画在不同的支路中,但它们的动作却是相互关联的。用相同的文字符号标注或用相同的文字符号加不同的阿拉伯数字角标对同电器中不同元件加以区别。

(3)电气控制电路图采用国家统一规定的电气图形符号。

(4)电气控制电路图只是说明电气原理的逻辑关系,而并没有表明各电气设备和元器件的实际位置及连接情况,因此,实际电气工程图还包括安装图、接线图、布置图等用于指导施工、维修和管理等。

二、接线图

接线图是按照电气设备和电气元件的实际位置和安装情况绘制的,它用来表示电气设备和电气元件的位置、连接关系、敷设路径、配线方式等。主要用于安装接线和维修。

生产机械电气控制接线图,一般由专业人员进行绘制。对电动机的基本控制线路进行安装时,操作人员应能够根据电气控制电路图,绘制出相对简化一点的电气控制接线图,以供安装接线时使用。绘制的步骤、方法如下:

1. 对电气控制电路图进行编号,编号方法见前述。

2. 设计布置图。

(1)功能类似的元件组合在一起。例如用于操作的各类按钮、开关,指示检测和调节等元件集中为控制面板组件;各种继电器、接触器、熔断器、照明变压器等控制电器集中为电气板组件;各类控制电源、整流元件、滤波元件集中为电源组件等。

(2)强、弱电控制器分离,以减少干扰。

(3)简单电路电器的安装位置一般根据主电路电气元件的前后及并行位置的情况确定,其目的主要是使主电路走线简洁、明了、美观。

(4)安放热元件(如电阻),必须使其电柜内其他元件的温升不超过它们各自的允许极限。对于发热大的元件,如电动机的起动电阻等,必须隔开安装。

(5)电气设备间应有合适的间距,要便于更换、识别与检测。

(6)力求整齐、美观。

3. 把电气控制电路图中的各元器件图形符号绘制到布置图中的相应位置上,要求图形符号及文字代号与电路图完全一致,并要符合国家标准。

4. 把线头编号标注到布置图中的图形符号中。标注时,一般按从线圈一侧开始往上的顺序,逐一对各元器件进行标注,一条支路标注好后再标注另一条支路。标注时要尽量使编号相同的线头标注在电器同一侧。

5. 设计线路走向。把编号相同的点用线连起来,连接可采用集束法,即凡导线走向相同的可以合并,用线束来表示,到达接线端子板或电气元件的连接点时再分别画出。主电路线束与控制电路线束要分开画,一般主电路线束用粗实线,控制电路线束用细实线。设计的走线,明敷时要避免线与线之间交叉。

6. 校对。主要校对电路图编号有无漏编、错编,接线图元器件端子上的线头编号有无漏标注、错标注。

知识二 单向起动控制电路

一、点动单向控制电路

点动控制是指按下按钮,电动机得电运转,松开按钮,电动机失电后停转。其控制电路由按钮、接触器等组成,是控制电动机运转最简单的单向控制电路,如图6-1-2所示。点动控制电路常用于电动葫芦的起重电动机控制和车床拖动箱快速移动电动机控制。

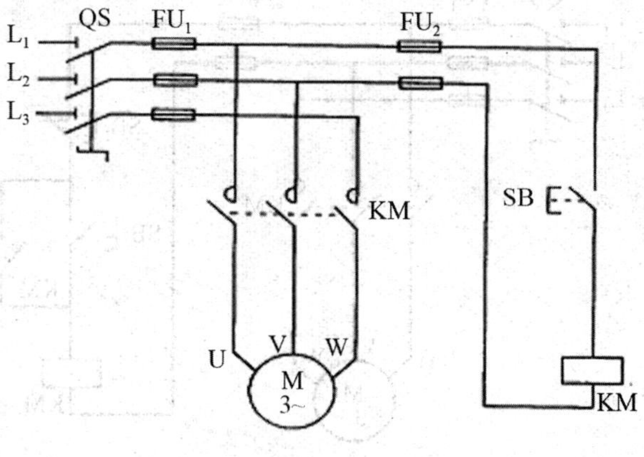

图6-1-2

1. 主电路：由电源隔离开关QS、短路保护熔断器FU_1、交流接触器主触头KM、电动机构成主电路。

2. 控制电路：由短路保护熔断器FU_2、按钮SB、交流接触线圈构成控制电路。

3. 线路工作原理如下：

当需要电动机点动时，合上电源开关QS，按下起动按钮SB，接触器KM线圈得电，使衔铁吸合，同时带动接触器KM的三对主触头闭合，电动机接通电源起动运转。当需要电动机停止时，只要松开起动按钮SB，使接触器KM线圈失电，衔铁在复位弹簧的作用下复位，带动接触器KM的三对主触头恢复初始分断状态，电动机就失电停转。

在分析线路的工作原理时，为了简单明了，常用电气文字符号和箭头加简洁的文字说明来表达线路的工作原理。如上所述的工作原理可表述如下：

合上电源开关QS。

起动：按下SB→KM线圈得电→KM主触头闭合→电动机M起动运转

停止：松开SB→KM线圈失电→KM主触头分断→电动机M失电停转

二、接触器自锁单向控制电路

在点动单向控制电路中，松开按钮SB后线圈失电，电动机停转。如果把接触器辅助常开触头并联到起动按钮两端，当接触器获电动作后，此常开触头闭合，因而松开按钮SB后，接触器线圈不会失电，电动机继续运转，这种线路为接触器自锁单向控制电路，如图6-1-3所示。

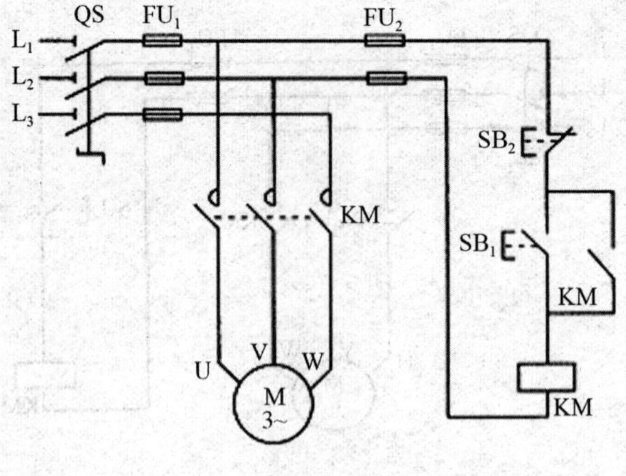

图6-1-3

1. 工作原理

合上电源开关QS。

起动：按下SB_1→KM线圈得电→KM主触头闭合→电动机M起动运转
→辅助常开触头闭合自锁

停止：按下SB_2→KM线圈失电→KM主触头分断→电动机M失电停转
→KM自锁触头分断解除自锁

2. 保护功能

接触器自锁控制线路具有欠压和失压(或零压)保护作用。

当电源电压降到一定值时，接触器线圈电压也同样下降到此值，从而使接触器线圈产生的电磁吸力减少。当电磁吸力减少到小于反作用弹簧的拉力时，动铁芯被迫释放，触头动作，从而切断电动机电源，使电动机停转，从而达到欠压保护的目的。

当电动机在正常运转时，由于外界某种原因引起突然断电，电动机停转。当重新供电时，因接触器主触头和自锁触头已复位，使电路不通，因而电源恢复供电时，电动机就不会自行起动运转，保证了人身和设备的安全。

3. 具有过载保护的接触器自锁正转控制线路

在接触器自锁正转控制线路中，有短路保护、欠压保护、失压保护，但没有过载保护，因而如果电动机长期负载过大、起动频繁或缺相运行，就会引起电动机过载而烧毁。因此，对电动机还需采取过载保护措施。过载保护是指当电动机出现过载时，能自动切断电动机电源，从而使电动机停转的一种保护措施。在生产中最常用的一种过载保护是由热继电器来实现的。

具有过载保护的自锁正转控制线路，如图6-1-4所示。其保护原理是：当电动机过载一定时间后，热继电器常闭触头动作断开，交流接触器线圈失电，主触头复位，切断电动机电源，使电动机停转。

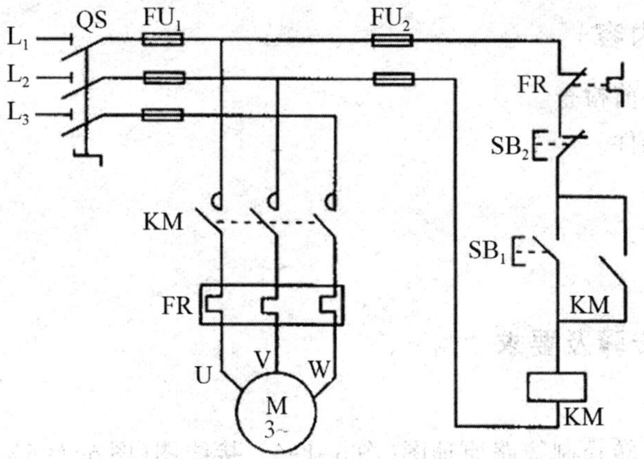

图6-1-4

实训一　点动控制线路的安装

一、实训目的

1. 读懂电气原理图、接线图。
2. 按照操作步骤,逐步正确操作。
3. 掌握导线线头的正确处理。

二、实训所需器材

1. 工具:尖嘴钳、螺钉旋具、电工刀、剥线钳、镊子等。
2. 仪表:万用表、钳形电流表、绝缘电阻表。
3. 器材:见器材明细表6-1。

表6-1　器材明细表

名称	型号	规格	数量
三相异步电动机	Yl2M－4	4 kW、380 V、8.8A、△接法、1440 r / min	1
组合开关	HZ10－25 / 3	三极、额定电流25 A	1
螺旋式熔断器	RL1－60/25	500 V、60 A、熔体额定电流25 A	3
螺旋式熔断器	RL1－15 / 2	500 V、15 A、熔体额定电流2 A	2
交流接触器	CJ10－20	20 A、线圈额定电压380 V	1
按钮	LA10－ 3 H	保护式、按钮数3	1
端子板	JXZ－1015	10 A、380 V、5 W	1
主电路电线	BV	1.5 mm^2、黑色	若干
控制电路电线	BV	1 mm^2、红色	若干
按钮线	BVR	0.75 mm^2、红色	若干
接地线	BVR	1.5 mm^2 、黄绿色	若干

三、实训内容

1. 元器件装前检查。

2. 固定元器件。

3. 连接线路。

4. 线路检测。

5. 通电试车。

四、实训步骤及要求

1. 读图

读懂点动正转控制线路原理图(图 6-1-5)、接线图(图 6-1-6),明确线路电气元件及作用,线路走向及连接点。

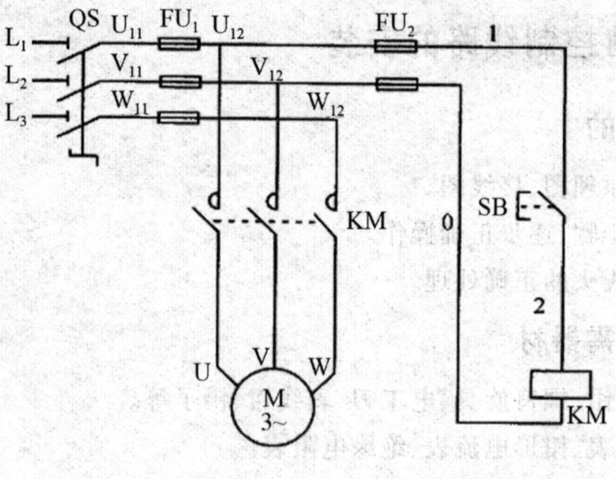

图 6-1-5

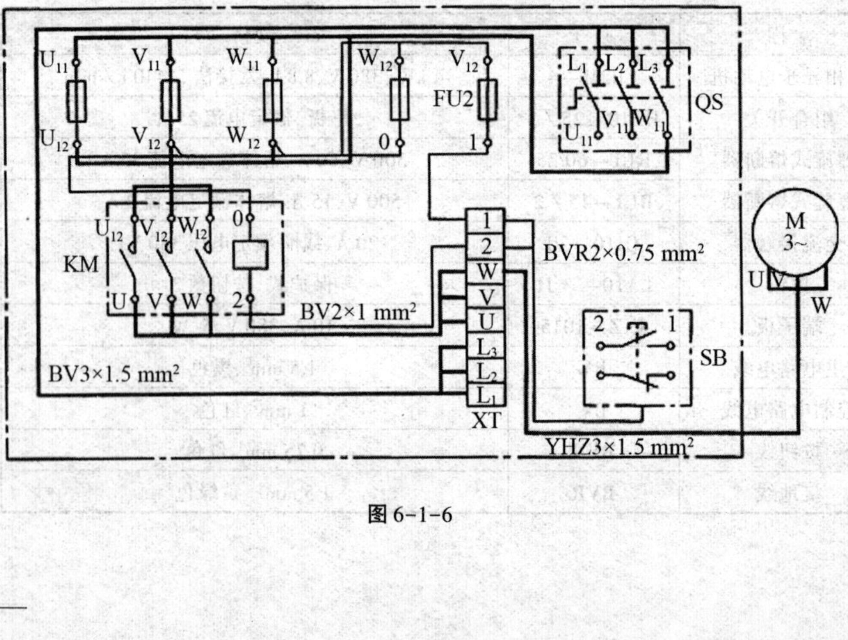

图 6-1-6

2. 元器件装前检查

按器材明细表6-1配齐器材，并进行检验。

(1)电气元件应具有制造厂的名称或商标、技术数据(如额定电压、额定电流等)，并符合要求。

(2)电器元件的动作机构应动作灵活，无卡阻等不正常现象。

(3)电器元件外观应清洁、完整、无破损，触头通断及分合情况应正常，并用万用表检查。

(4)对电动机质量进行常规检查。

3. 固定电气元件

在控制板上按接线图安装电气元件，并贴上醒目的文字符号。

(1)各元件的安装位置应整齐、匀称、间距合理，以便于接线及元件的更换。

(2)交流接触器与熔断器FU_1中间对齐。

(3)熔断器、组合开关的固定要满足上进下出，即上方接线柱接进线，下方接线柱接出线。

(4)紧固元件时要用力均匀，紧固程度适当。在紧固熔断器、接触器等易碎裂元件时，要用手按住元件一边轻轻摇动，一边用旋具轮流旋紧对角线的螺钉，直至感到摇不动后再适当旋紧一些即可。

4. 连接线路

按图进行板前明线敷设并在线头上套编码套管。

(1)选用导线。

①导线的类型。固定不动的电气元件之间的连接线采用硬线，有可能出现振动的场合的电气元件之间的连接线采用软线。主电路采用硬线。端子排到电动机间的电线采用电缆线，端子排到按钮、行程开关间的线采用软线。

②导线的绝缘。导线必须绝缘良好，并具有抗化学腐蚀能力。在特殊条件下使用的导线，必须同时满足使用条件要求。

③导线的截面积。主电路的导线要能承受正常条件下流过的最大稳定电流，同时还应考虑导线允许的电压降、导线的机械强度；控制电路的导线一般可采用导线直径为1.13 mm或1.37 mm的塑料铜芯线(BV)。

④导线的色标。保护导线(PE)必须用黄绿双色；动力线路的中性线(N)必须用浅蓝色；交流或直流动力线路应用黑色；交流控制电路用红色；直流控制电路用蓝色；与保护导线连接的电路用白色；对普通的三相控制电路，三根根线可分别用红、黄、绿三色，零线用黑色。

(2)接线顺序。先控后主、先里后外、先下后上。即先连接控制电路，后连接主电路；先连接靠近电器最里边的导线，后连接外边的导线；先连接下接线柱导线，后连接上接线柱导线，以不妨碍后续接线为原则。

(3)线路走向。线路走向与接线图一致，做到线路通道尽可能少，同路并行线路按“主电路、控制电路分类集中，单层密排，紧贴控制面板”的原则布线。

(4)根据瓦形式接线柱、针孔式接线柱、螺钉平压式接线柱对导线线头的不同要求，按工艺要求进行正确处理，使线头不反圈、不露铜过长、不压绝缘层、连接牢固可靠。

(5)导线横平竖直，不得交叉。必须交叉时，该根导线应在接线端子引出时，水平架空跨越。线头要尽量整齐划一。

(6)同一接线柱连接的导线根数尽可能少。

(7)剖削线头绝缘或电线弯折时，严禁损伤线芯和导线的绝缘。

5. 自检

(1)检查电气元件。核对电气元件的技术数据是否和要求一致，安装是否正确和牢固，代号、标记是否和原理图上一致。

(2)检查接线。

①接线图是否画正确。

②布线是否符合要求，接线端子接线是否连接牢固。

③导线的类型、截面、颜色的选用是否符合要求。

④保护导线的连接是否正确、牢固、可靠。

(3)检查电气线路的绝缘电阻。用500 V绝缘电阻表测量电气线路的绝缘电阻，应不小于1 MΩ。

(4)万用表检查。万用表检查线路是指在控制线路不通电时，用手动来模拟电器的动作，来检查线路通断情况的检查方法。

①检查主电路。取下FU_2熔体，断开控制线路，用万用表分别测量U_{11}—V_{11}、V_{11}—W_{11}、W_{11}—U_{11}之间的电阻，均应为∞。若某次测量的结果为0，则说明所测两点之间接线有短路现象，应查出并排除故障。

用起子或尖嘴钳压下交流接触器KM，使接触器触头闭合，重复上述测量，测出阻值应分别为∞(此时电动机未接过电路)，否则说明短路，应查出并排除故障。

②根据原理图，检查控制电路。

(a)万用表打在“Ω”挡，两表笔搭在FU_2两端。

(b)按下SB_1，指针偏转(指针指向交流接触器KM线圈的阻值位置)，若指针不偏则说明线路有错。

6. 通电试车

(1)不带负载通电试车。先切除主电路(一般断开主电路熔断器)进行通电试验，以检查控制电路是否正常。有些线路的控制功能需要调试，如Y-△起动控制线路的转换时间、反接制动线路的终止速度等。控制线路接好后，还需认真检查后才能通电试车，以防线路接错或电器选择不当造成事故。

(2)安装电动机并进行绝缘检查。

(3)连接电动机。

(4)连接电源。

(5)通电试车与调整。

①空载试车。控制电路经过多次空操作试验动作正常后,即可切断电源,接通主电路,带电动机空载试车。

②满负荷试车。电路经过多次空载试车动作正常后,即可进行满负荷试车。

实训二　具有过载保护的接触器自锁正转控制线路的安装

一、实训目的

1. 读懂电气原理图、接线图。

2. 掌握热继电器的构造、使用。

3. 按操作步骤、工艺要求逐步操作。

二、实训所需器材

1. 工具:尖嘴钳、螺钉旋具、电工刀、剥线钳、镊子等。

2. 仪表:万用表、钳形电流表、绝缘电阻表。

3. 器材:在表6-1器材的基础上再增加热继电器(JR12-20/3,热元件8 A,整定在8.8 A)。

三、实训内容

与实训一相同,不同的是增加热继电器的安装与整定值的整定。

四、实训步骤及要求

1. 操作步骤和工艺要求参照点动控制线路的安装,原理图如图6-1-7所示,接线图如图6-1-8所示。

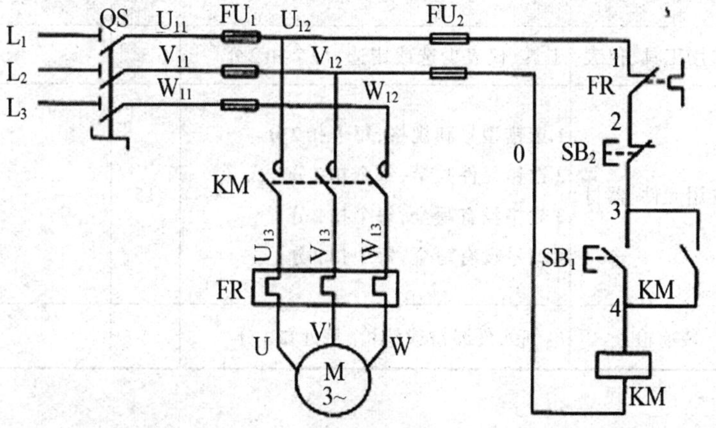

图6-1-7

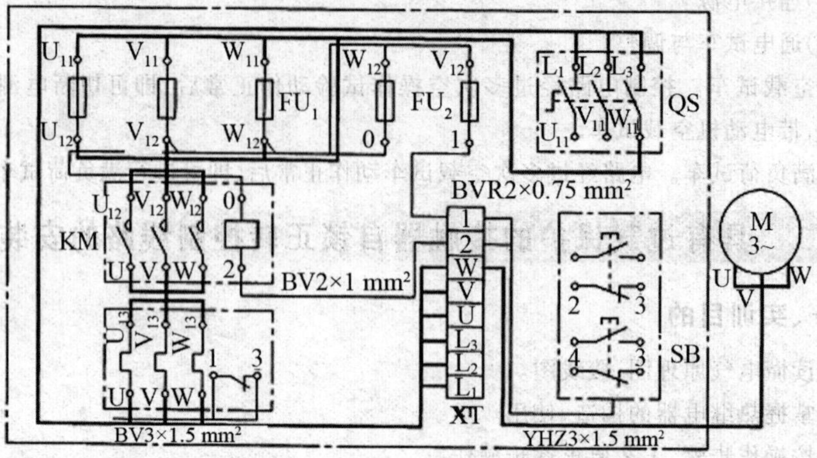

图6-1-8

2. 质量自检。用万用表检查控制回路方法：

(1)万用表打在“Ω”挡，两表笔搭在 FU_2两端。

(2)按下按钮 SB_1，指针偏转(指针应指向接触器KM线圈的阻值位置)。若指针不偏，则说明线路断路，应查出并排除故障。

(3)用起子或尖嘴钳按下接触器KM，指针偏转。若指针不偏，则说明自锁触头功能不正常，应检查KM自锁触头是否正常、连线是否正确、有无虚接或脱落等情况。

3. 满负荷试车。电路经过多次空载试车动作正常后，即可进行满负荷试车。

检测与评估

检测项目		评分标准	分值	学生自评	教师评估
任务知识内容	选用工具、仪表	工具、仪表少选或错选，每个扣2分	5		
	选用元件、器材	1.选错型号和规格，每个扣2分 2.选错元件数量，每个扣2分 3.规格没有写全，每个扣2分 4.型号没有写全，每个扣2分	15		
	装前检查	电气元件漏检或错检，每处扣1分	5		

续 表

检测项目		评分标准	分值	学生自评	教师评估
任务操作技能	安装布线	1.不按布置图安装扣5分 2.元件安装不牢固每处扣2分 3.元件安装不整齐、不均匀、不合理每只扣3分 4.损坏元件每只扣15分 5.不按电路图接线扣20分 6.布线不符合要求，主电路每处扣4分，控制电路每处扣2分 7.接点松动、露铜过长、反圈等，每处扣1分 8.损坏导线绝缘或线芯每根扣5分 9.编码套管套装不正确，每处扣1分 10.漏接接地线扣10分	35		
	通电试车	1.热继电器未整定或整定错误扣15分 2.熔体规格选用不当扣10分 3.第一次试车不成功扣5分 4.第二次试车不成功扣10分 5.第三次试车不成功扣20分	40		
	安全文明生产	违反安全文明生产操作规程从总分中扣5～10分			
	定额时间3 h	每超过10 min扣5分			
	备　注	除定额时间外，各项目最高扣分不超过配分			
开始时		结束时间		实际时间	

任务二　三相异步电动机的正/反转控制线路

知识一　接触器连锁的正/反转控制线路

接触器连锁的正/反转控制线路如图6-2-1所示。图中KM_1主触头闭合、KM_2主触头断开时，电动机正转；KM_2主触头闭合、KM_1主触头断开时，电动机反转。若KM_1、KM_2主触头同时闭合，则L_1、L_3两相电源造成短路事故。为了避免KM_1、KM_2两个接触器同时得电动作，在控制正、反转电路中分别串接了对方接触器的一对常闭辅助触头，这样就能保证一个接触器得电动作后，另一个接触器无法得电动作，这种相互制约的作用叫作接触器连锁。

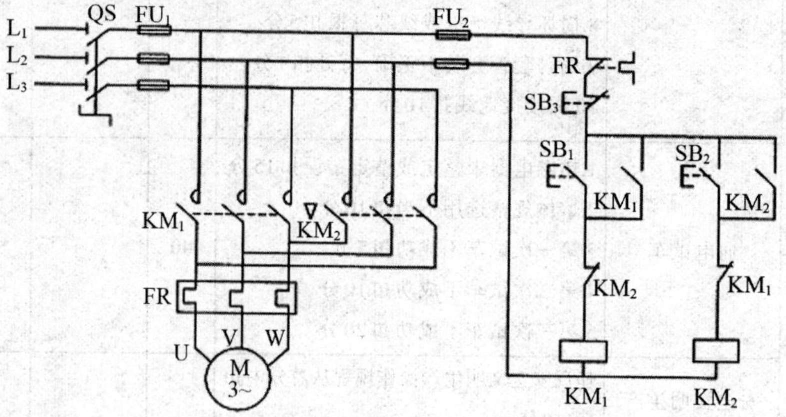

图6-2-1

线路工作原理如下：

先合上电源开关QS。

(1)正转控制

按下SB_1 → KM_1线圈得电→KM_1主触头闭合→电动机M起动正转
→KM_1自锁触头闭合自锁
→KM_1连锁触头分断对KM_2连锁

(2)停止控制

按下SB_3 → KM_1线圈失电→KM_1主触头复位→电动机M停转
→KM_1自锁触头复位
→KM_1连锁触头复位

(3)反转控制。

按下 SB_2→ KM_2线圈得电 →KM_2主触头闭合→电动机M起动反转
→KM_2自锁触头闭合自锁
→KM_2连锁触头分断对KM1连锁

接触器连锁正/反转控制线路的优点是工作安全可靠,缺点是换向时必须先按停止按钮,再进行换向起动操作,操作不方便。

知识二　按钮连锁的正/反转控制线路

按钮连锁的正/反转控制线路如图6-2-2所示。图中两个复合按钮的常闭触头代替接触器连锁中的交流接触器辅助常闭触头,同样起到连锁作用。

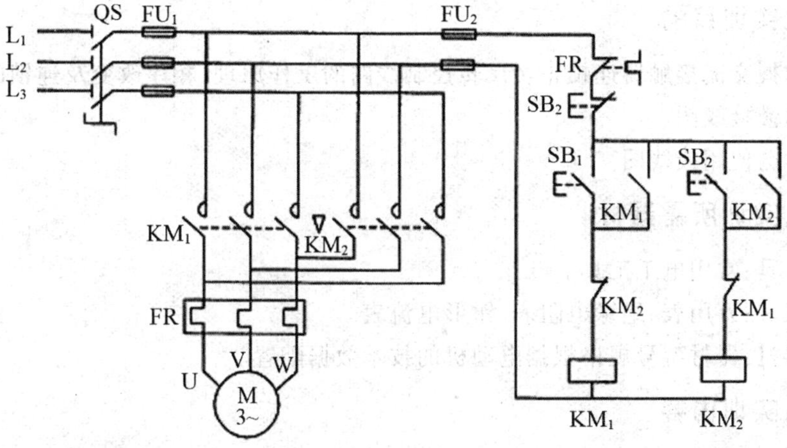

图6-2-2

按钮连锁正/反转控制线路的工作原理与接触器连锁正/反转控制线路的控制原理基本相同。但由于采用了复合按钮,在电动机正转过程中,欲反转时,按下反转按钮SB_2就可以先断开KM_1线圈,后接通KM_2线圈,达到使电动机反转的目的。同样,由反转运行转换为正转运行时,也只要直接按SB_1正转按钮即可。此线路的优点是操作方便,缺点是若主触头发生熔焊或被杂物卡住,操作另一接触器控制按钮时,会发生短路事故。由于此线路存在这一安全隐患,在实际生产中,经常采用接触器、按钮双重连锁的正/反转控制线路。

知识三　按钮、接触器双重连锁的正/反转控制线路

按钮、接触器双重连锁的正/反转控制线路如图6-2-3所示。该线路具有前述两种连锁线路的优点,操作方便,工作安全可靠。

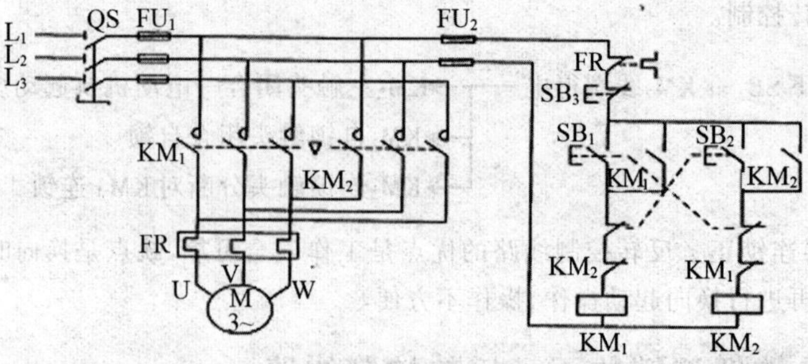

图6-2-3

实训一　接触器连锁正/反转控制线路的安装

一、实训目的

1. 掌握交流接触器连锁正/反转控制线路的工作原理、相序改变及连锁的作用。
2. 读懂接线图。
3. 学会使用接线图。

二、实训所需器材

1. 工具：常用电工工具。
2. 仪表：万用表、绝缘电阻表、钳形电流表。
3. 器材：器材型号规格根据电动机的技术数据配置。

三、实训内容

按点动控制线路实训内容进行。

四、实训步骤及要求

1. 操作步骤和要求参照点动控制线路的安装。原理图如图6-2-4所示，接线图如图6-2-5所示。

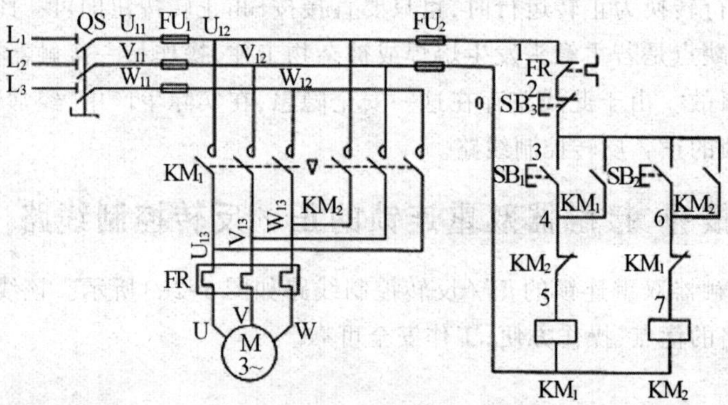

图6-2-4

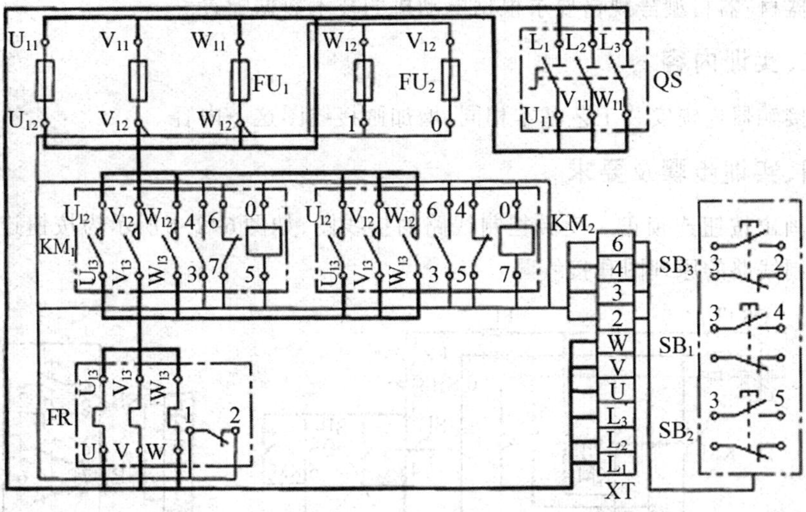

图6-2-5

2. 质量自检。

(1)对照原理图6-2-4检查主电路。

(2)万用表打在“Ω”挡,两表笔搭在FU2两端。

(3)按下SB_1按钮,指针偏转(指针停留在KM_1线圈的阻值位置),放开SB_1按钮。按下SB_2按钮,指针偏转(指针停留在KM_2线圈的阻值位置),放开SB_2按钮。若指针不偏,则说明线路断路,应查出并排除故障。

(4)按下KM_1,指针偏转,按下KM_2,指针偏转。若指针不偏,则说明自锁功能不正常,应检查与自锁有关的线路。

五、注意事项

1. 接触器连锁触头必须连接正确,否则将引起主电路中两相短路。
2. 螺旋式熔断器固定、接线时要注意区分进线柱与出线柱。
3. 两个交流接触器之间要保持一定的距离。

实训二　按钮连锁正/反转控制线路的安装

一、实训目的

1. 掌握按钮连锁正/反转控制线路的工作原理、相序改变及连锁的作用。
2. 学习接线图的绘制。
3. 学会使用接线图。

二、实训所需器材

1. 工具:常用电工工具。
2. 仪表:万用表、绝缘电阻表、钳形电流表。

3. 器材:器材型号规格要求根据电动机的技术数据配置。

三、实训内容

与接触器连锁安装工艺基本相同,增加画接线图这一内容。

四、实训步骤及要求

1. 画出按钮连锁正/反转控制线路的接线图,如图6-2-6所示为按钮连锁正/反转控制线路的原理图和接线图。

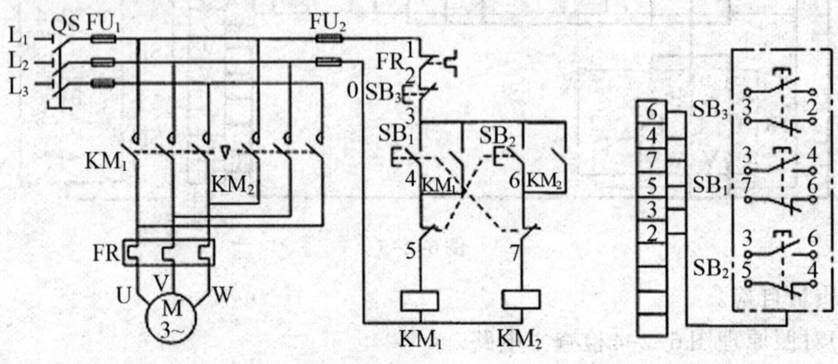

(a) 按钮联锁正/反转控制线路原理图　(b) 按钮接线图

图6-2-6

2. 参照点动控制线路的安装。

3. 质量自检。

(1)对照原理图6-2-6(a)检查主电路。

(2)万用表打在"Ω"挡,两表笔搭在FU_2两端。

(3)按下SB_1按钮,指针偏转(指针停留在KM_1线圈的阻值位置),放开SB_1按钮。按下SB_2按钮,指针偏转(指针停留在KM_2线圈的阻值位置),放开SB_2按钮。

(4)按下KM_1,指针偏转,按下KM_2,指针偏转。

(5)拆下KM_2线圈与电源的连线,按下KM_1,指针偏转。如指针不偏转,则说明自锁功能无效,试车时发现正/反转点动,不能实现自锁。

故障原因:自锁触头KM_1的一端(编号为4)接到起动按钮SB_2(编号为6)的端子上,自锁触头KM_2的一端(编号为6)接到起动按钮SB_1(编号为4)的端子上。

纠正方法:只要把端子排XJ上编号为4的引线接到按钮线头的位置和编号为6的引线接到按钮线头的位置互换即可。

实训三　双重连锁正/反转控制线路的安装

一、实训目的

1. 根据前几个线路的安装情况,结合老师的点评,对电气线路的走向进行重新设计。

2. 线路板试车评分后，分别改装成交流接触器连锁和按钮连锁的电气线路板。

二、实训所需器材

1. 工具：常用电工工具。
2. 仪表：万用表、绝缘电阻表、钳形电流表。
3. 器材：器材型号规格要求根据电动机的技术数据配置。

三、实训内容

与接触器连锁安装工艺基本相同，增加画接线图这一内容。

四、实训步骤及工艺要求

1. 画出双重连锁正／反转控制线路的接线图，原理图如图6-2-7所示。

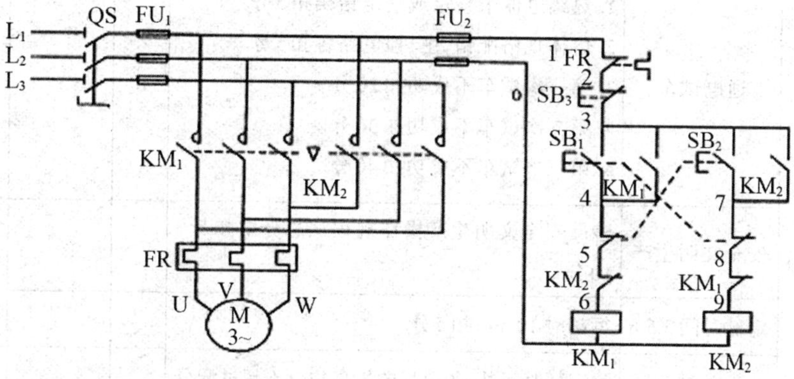

图6-2-7

2. 参照点动控制线路的安装。
3. 质量自检。参照前面两次实习的质检方法。

检测与评估

检测项目		评分标准	分值	学生自评	教师评估
任务知识内容	装前检查	1. 电动机质量检查，每漏一处扣5分 2. 电气元件漏检或错检，每处扣2分	15		
任务操作技能	安装元件	1. 不按布置图安装扣15分 2. 元件安装不牢固每处扣4分 3. 安装元件时漏装木螺钉，每只扣2分 4. 元件安装不整齐、不匀称、不合理每只扣3分 5. 损坏元件每只扣15分	15		

续 表

检测项目		评分标准	分值	学生自评	教师评估
任务操作技能	布线	1. 不按电路图接线扣25分 2. 布线不符合要求，主电路每处扣4分，控制电路每处扣2分 3. 接点松动、露铜过长、反圈等，每处扣1分 4. 损坏导线绝缘或线芯每根扣5分 5. 漏套或错套编码套管，每处扣1分 6. 漏接接地线扣5分	30		
	通电试车	1. 热继电器未整定或整定错误扣5分 2. 熔体规格配错，主、控电路各扣5分 3. 第一次试车不成功扣20分 4. 第二次试车不成功扣30分 5. 第三次试车不成功扣40分	40		
	安全文明生产	违反安全文明生产操作规程从总分中扣5～10分			
	定额时间3.5 h	每超时10 min扣5分			
	备注	除定额时间外，各项目的最高扣分不超过配分			
开始时间		结束时间		实际时间	

任务三 位置控制与自动往返控制

知识一 位置控制线路

在生产过程中,需要对一些生产机械运动部件的位置或行程进行控制。位置开关与其他低压电气的配合,实现了这种控制要求。

位置控制线路如图6-3-1所示。

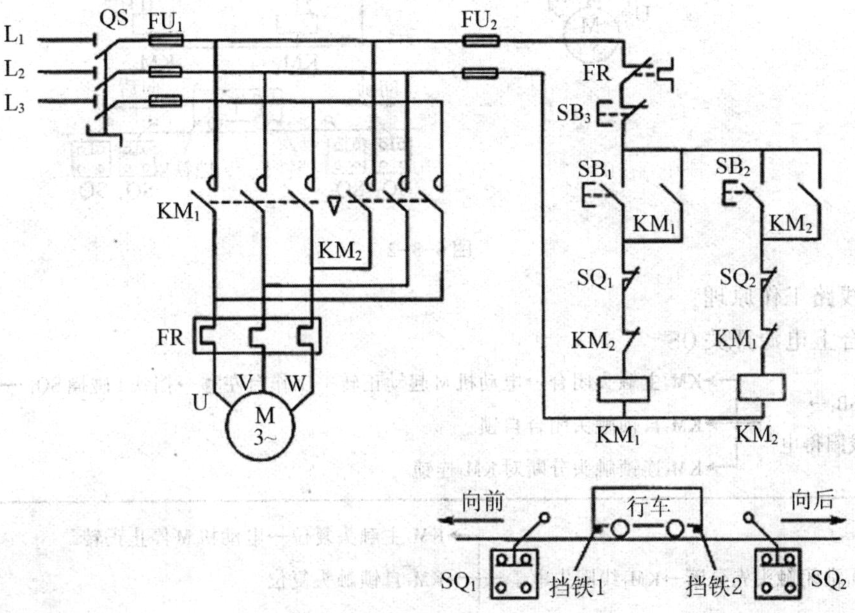

图6-3-1

位置控制原理:

合上电源开关QS。

按下SB_1(或SB_2)→行车向前(或后)→挡铁碰撞SQ_1(或SQ)→SQ_1(或SQ)常闭触头分断→KM_1(或KM_2)线圈失电→KM_1(或KM_2)主触头复位→电动机M停转。

此时若再按下SB_1(或SB_2),由于SQ_1(或SQ_2)的常闭触头已分断,接触器KM_1(或KM_2)线圈也不能得电,这样保证了行车不会超过SQ_1(或SQ_2)所在的位置。

知识二 自动往返控制线路

生产机械在一定的行程内自动往返的电气控制线路如图6-3-2所示。图中SQ_3、SQ_4被用来进行位置控制,作终端保护,以防SQ_1、SQ_2工作失灵,工作台越过限定位置从而造成设备、人身事故；SQ_1、SQ_2用来自动换接电动机正／反转，实现工作台的自动往返控制。SQ_1、SQ_2之间的距离长短，决定了工作台行程的大小。

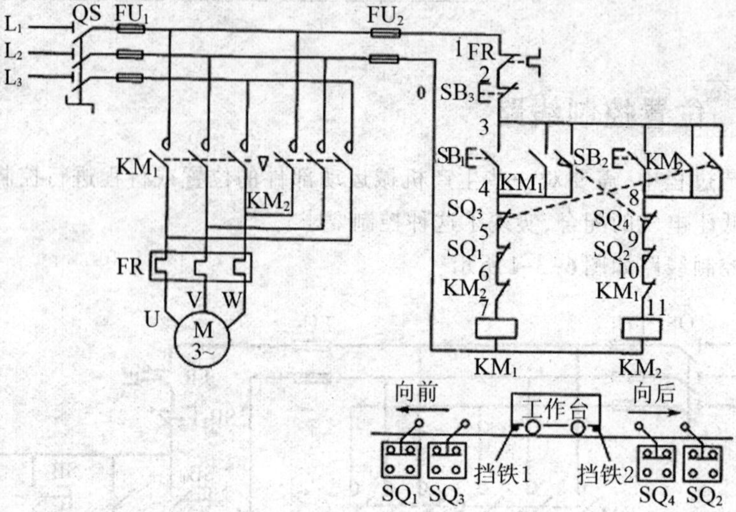

图6-3-2

线路工作原理：

合上电源开关QS

按下SB_1→KM_1线圈得电
→KM_1主触头闭合→电动机M起动正转→工作台左移→挡铁1碰撞SQ_1
→KM_1自锁触头闭合自锁
→KM_1连锁触头分断对KM_2连锁

→SQ_1常闭触头先分断→KM_1线圈失电
→KM_1主触头复位→电动机M停止正转
→KM_1自锁触头复位
→KM_1连锁触头复位

→SQ_1常开触头后闭合　　KM_2线圈得电

→KM_2主触头闭合→电动机M起动反转→工作台左移（SQ_1触头复位）→挡铁2碰撞SQ_2
→KM_2连锁触头分断对KM_1连锁
→KM_2自锁触头闭合自锁

→SQ_2常闭触头先分断→KM_2线圈失电
→KM_2自锁触头复位→电动机M停止反转
→KM_2自锁触头复位
→KM_2连锁触头复位

→SQ_2常开触头后闭合　　KM_1线圈得电→电动机M起动正转

实训　自动往返控制线路的安装与检修

一、实训目的

1. 会画、会读接线图。
2. 熟悉位置开关的构造，了解位置开关的安装位置与工作台往返行程的关系。
3. 知道位置开关的金属外壳必须可靠接地。
4. 练习故障检修。

二、实训所需器材

1. 工具：常用电工工具。
2. 仪表：万用表、钳形电流表、绝缘电阻表。
3. 器材：在表6-1的基础上增加位置开关。

三、实训内容

按电路图安装、检修、质量检查。

四、实训步骤工艺要求

1. 安装

(1)读懂原理图(图6-3-3)和绘制接线图(图6-3-4)。

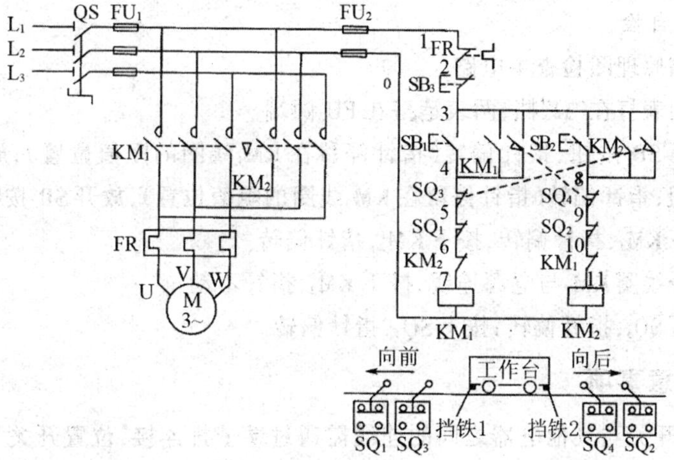

图6-3-3

(2)按器材明细表配齐器材，并进行检验。

(3)安装电气元件，并贴上醒目的文字符号。

(4)按图进行板前明敷线和套编码套管。

(5)自检。

(6)不带负载通电试车。

(7)安装电动机并进行绝缘检查。

(8)连接电动机,连接电源,通电试车。

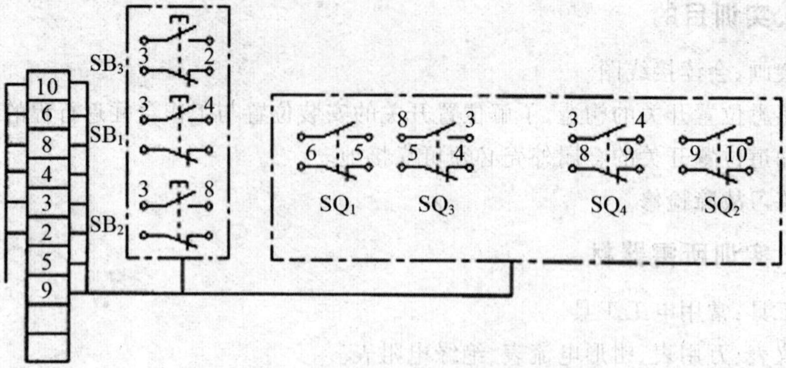

图 6-3-4

2. 检修

(1)设置模拟自然故障。

(2)找出故障现象。

(3)进行故障分析。

(4)故障检测。

(5)排除故障。

3. 质量自检

(1)对照原理图检查主电路。

(2)万用表打在"Ω"挡,两表笔搭在 FU_2 两端。

(3)按下 SB_1 按钮,指针偏转(指针停留在 KM_1 线圈的阻值位置),放开 SB_1 按钮。按下 SB_2 按钮,指针偏转(指针停留在 KM_2 线圈的阻值位置),放开 SB_2 按钮。

(4)按下 KM_1,指针偏转,按下 KM_2,指针偏转。

(5)拆开线圈 KM_2 与电源连线,按下 KM_2,指针不动。

(6)按下 SQ_3,指针偏转;按下 SQ_4,指针偏转。

五、注意事项

1. 位置开关与其他电器之间的连线需通过端子排连接,位置开关与位置开关之间的连线可在它们之间直接相连,也可通过端子排相连。

2. 按钮线、位置开关连线时要按照接线图仔细连接,不然很容易接错。

任务四　顺序控制

知识一　主电路实现顺序控制

主电路实现顺序控制的线路如图6-4-1和图6-4-2所示。线路的特点是电动机M_2的主电路接在KM（或KM_1）主触头的下面，这样保证了M_1起动以后才能起动M_2的顺序控制要求。

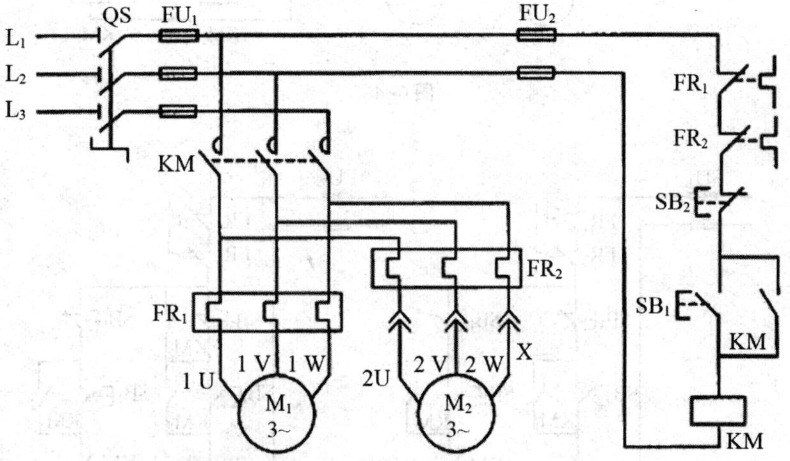

图6-4-1

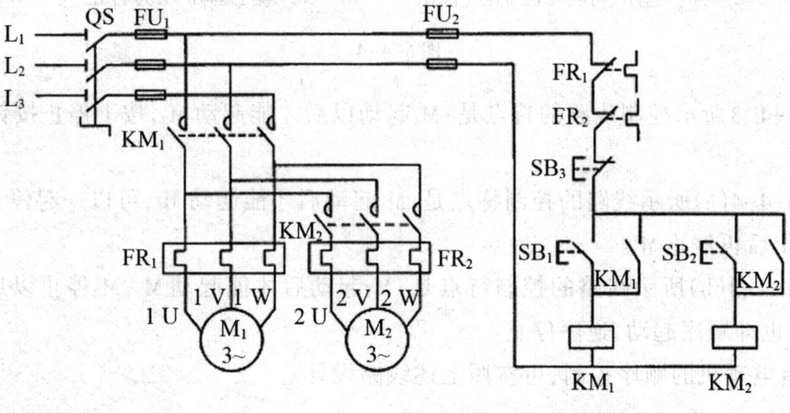

图6-4-2

知识二 控制电路实现顺序控制

控制电路实现电动机顺序控制的电路如图6-4-3和图6-4-4所示。

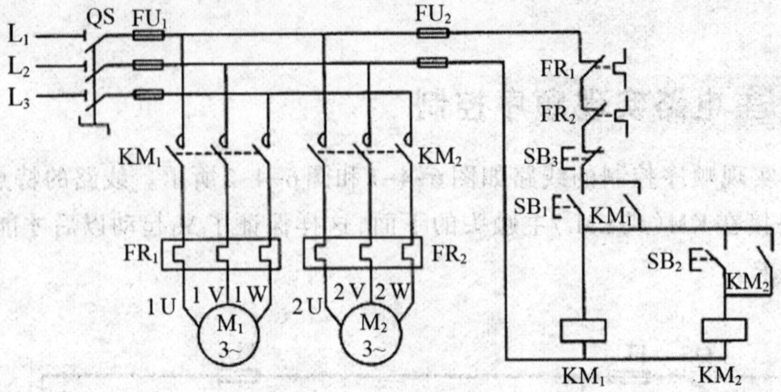

图6-4-3

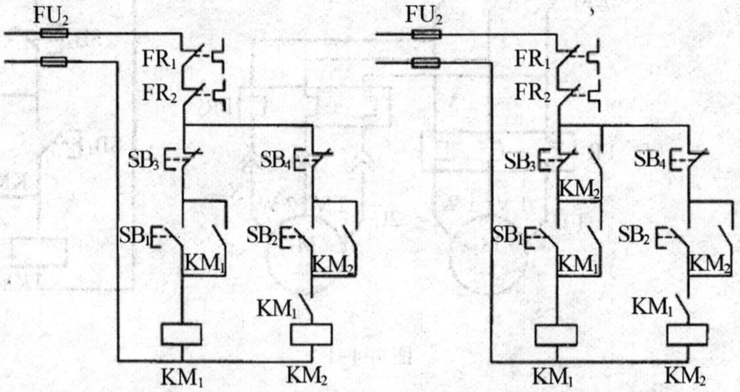

(a) 顺序起动，可同时也可逆序停止 (b) 顺序起动，逆序停止

图6-4-4

图6-4-3所示控制线路的特点是：M_1起动以后才能起动M_2，按下停止按钮M_1、M_2一起停止。

图6-4-4(a)所示线路的控制特点是：M_1起动后才能起动M_2，可以一起停止，也可先停止M_2后再停止M_1。

图6-4-4(b)所示线路的控制特点是：M_1起动后才能起动M_2，M_2停止以后，才能停止M_1，也即顺序起动，逆序停止。

多台电动机的顺序控制，可参照上述线路设计。

实训　电动机实现顺序控制

一、实训目的

1. 正确画出接线图，并能按接线图进行正确连接。

2. 一只按钮控制一台电动机，不要接成某台电动机的起动由甲按钮控制，而停止由乙按钮控制的形式。

3. 练习故障检测。

二、实训所需器材

1. 工具：常用电工工具。

2. 仪表：万用表、钳形电流表、绝缘电阻表。

3. 器材：在任务二实训一的基础上增加一个电动机和一个热继电器。

三、实训内容

按电路图安装、检修、质量检查。

四、实训步骤及要求

1. 参照自动往返控制线路的安装。

2. 检修。

(1)设置模拟自然故障。

(2)找出故障现象。

(3)进行故障分析。

(4)故障检测

(5)排除故障。

3. 质量自检。

(1)对照原理图(图6-4-4(b))检查主电路。

(2)万用表打在"Ω"挡，两表笔搭在FU_2两端。

(3)按下SB_1按钮，万用表指针偏转(指针停留在交流接触器KM_1线圈的阻值位置)，放开SB_1按钮，按下SB_2按钮，万用表指针不偏。

(4)按下交流接触器KM_1，万用表指针偏转，再按下SB_2按钮，指针再偏转某一角度(指针停留在交流接触器KM_1、KM_2线圈的并联阻值位置)，放开交流接触器KM_1，指针回转至无穷大。

(5)按下交流接触器KM_1，万用表指针偏转，再按下交流接触器KM_2，指针再偏转一角度(指针停留在交流接触器KM_1、KM_2线圈的并联阻值位置)。

五、注意事项

1. 有一根线需要从交流接触器的上侧接线柱连至下侧接线柱。

2. 注意顺序控制电路中常开触点与常闭触点的作用。

任务五 三相异步电动机的降压延时控制线路

知识一 三相异步电动机的起动

三相异步电动机起动时的电压与运行时的电压相同的起动，称为全压起动，也叫作直接起动。三相异步电动机起动时的电压小于正常运行时的电压的起动，称为降压起动。采用降压起动是为了减小起动电流（一般为额定电流的4～7倍）对同一供电线路中其他电气设备的影响。

判断一台电动机能否直接起动的经验公式为

$$\frac{I_{st}}{I_n} \leqslant \frac{3}{4} + \frac{S}{4P}$$

式子，I_{st}为电动机全压起动电流（A）；

I_n为电动机额定电流（A）；

S为电源变压器容量（kVA）；

P为电动机功率（kW）。

凡不满足直接起动条件的要采用降压起动。

常见的降压起动有：串电阻降压起动，自耦变压器降压起动，Y-△降压起动，延时三角形降压起动。

知识二 串电阻降压起动

1. 按钮、接触器控制串电阻降压起动线路

按钮、接触器控制串电阻降压起动的线路如图6-5-1所示。

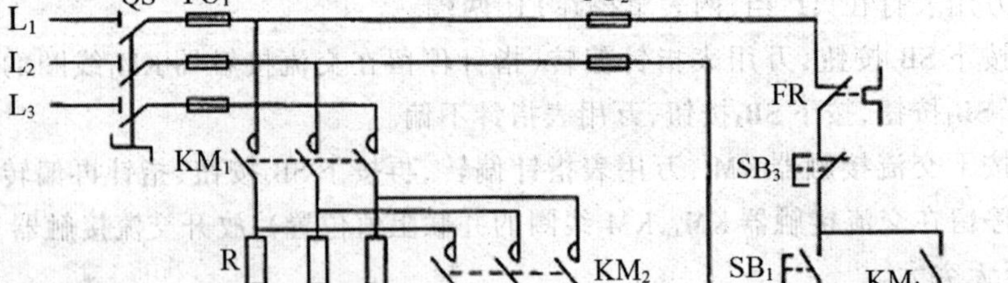

图6-5-1

线路工作原理：

合上电源开关QS。

按下SB_1→ KM_1线圈得电→ KM_1自锁触头闭合自锁
→KM_1主触头闭合→电动机M串电阻降压起动

按下SB_2→ KM_2线圈得电→ KM_2自锁触头闭合自锁
→KM_2主触头闭合→R被短接→电动机M全压运行

按钮、接触器控制串电阻降压起动线路的特点：降压起动到全压运行是由操作人员手动完成的，操作不方便，也不可靠。

2. 时间继电器自动控制串电阻降压起动线路

时间继电器自动控制串电阻降压起动的线路如图6-5-2所示。电动机降压起动所需的时间由时间继电器线圈获电后，延时触头延时动作的时间来决定。从降压起动到全压运行的切换由时间继电器与交流接触器KM_2配合完成。

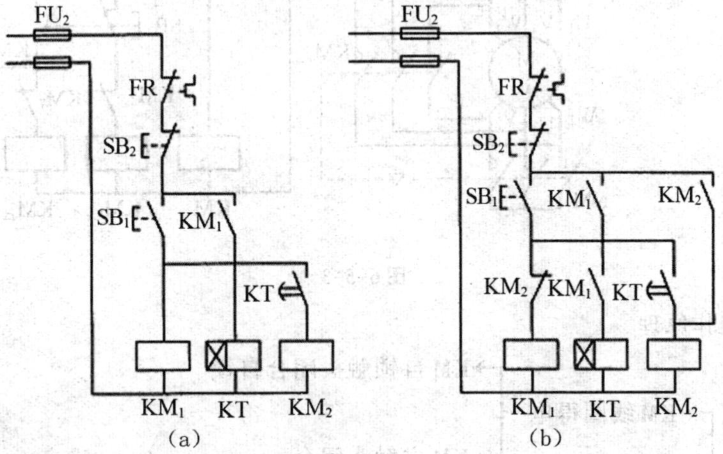

图6-5-2

时间继电器自动控制降压起动线路(图6-5-2(a))的工作原理如下：

合上电源开关。

按下SB_1→ KM_1线圈得电→KM_1自锁触头闭合自锁
→KM_1主触头闭合→电动机M串电阻降压起动
→KM_2线圈得电 —延时一定时间后→ KT常开触头闭合
→KM_2线圈得电→ KM_2自锁触头闭合自锁
→KM_2主触头闭合→R被短接→电动机M全压运行

串电阻降压起动适用于起动不频繁、空载或轻载起动的场合。

知识三 Y-△降压起动控制线路

Y-△降压起动是指电动机起动时，把定子绕组接成Y形，待电动机起动后，再把定子绕组接成△形。

1. 按钮、接触器控制Y-△降压起动线路

按钮、接触器控制降压起动的线路如图6-5-3所示。图中KM与KM_Y闭合，$KM_△$断开时，电动机作Y形降压起动；KM与$KM_△$闭合，KM_Y断开时，电动机作△形全压运行。

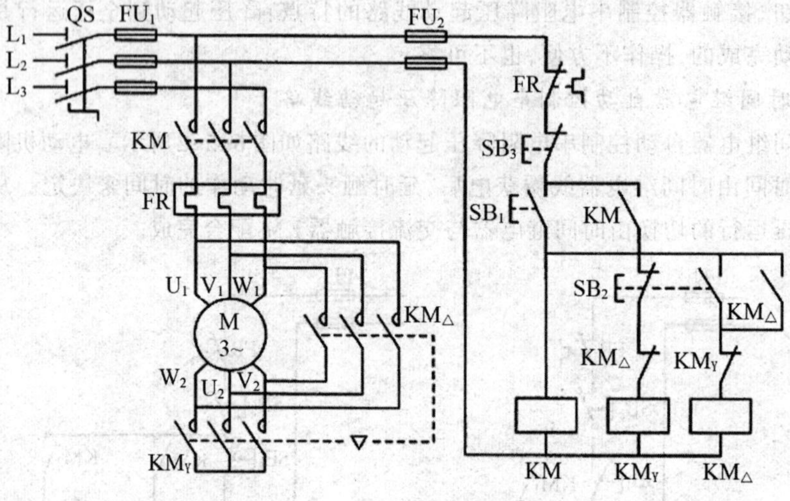

图6-5-3

线路工作原理

按下SB_1 →
- KM线圈得电 →
  - KM自锁触头闭合自锁
  - KM主触头闭合 → 电动机Y形起动
- KM_Y线圈得电 →
  - KM_Y主触头闭合 → 电动机Y形起动
  - KM_Y连锁触头分断对$KM_△$连锁

△形运行：

按下SB_2 →
- SB_2常闭触头先分断 → KM_Y线圈失电 →
  - KM_Y主触头分断 → 解除电动机Y形连接
  - KM_Y连锁触头复位 →
- SB_2常开触头后闭合 →

→ $KM_△$线圈得电 →
- $KM_△$自锁触头闭合自锁
- $KM_△$主触头闭合 → 电动机△形全压运行
- $KM_△$连锁触头分断对KM_Y连锁

停止：

按下 SB_3→KM、$KM_{\triangle}$失电→KM、$KM_{\triangle}$主触头复位→电动机停止

2. 时间继电器自动控制 Y-△降压起动线路

断电延时时间继电器自动控制 Y-△降压起动的线路如图 6-5-4 所示，通电延时时间继电器控制 Y-△降压起动的控制回路如图 6-5-5 所示。

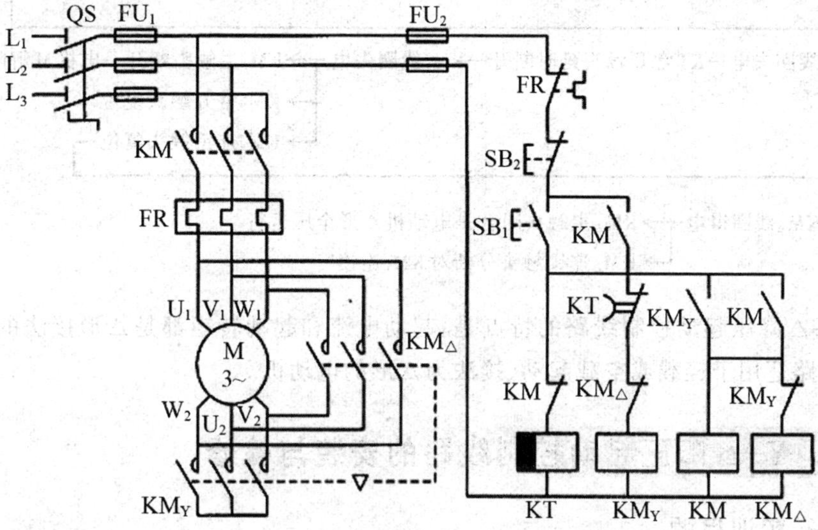

图 6-5-4

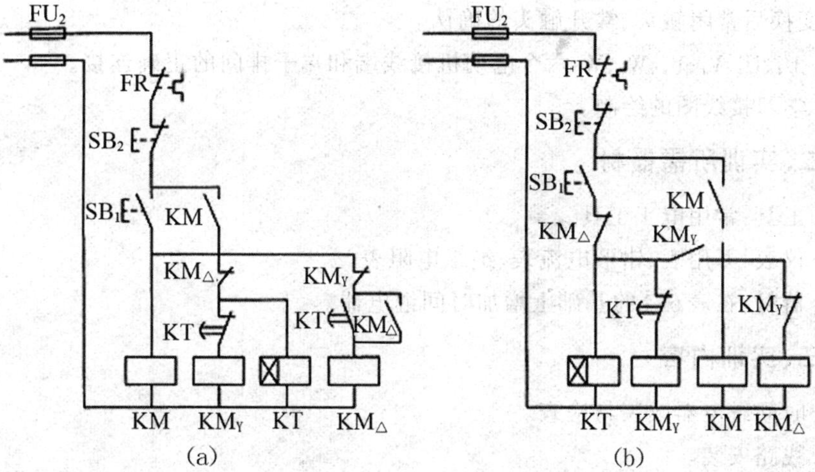

图 6-5-5

图 6-5-4 线路的工作原理：

合上电源开关 QS。

按下SB1→KT线圈得电→KT常开触头瞬时闭合→KM_Y线圈得电

→KM_Y连锁触头分断对$KM_{\triangle}$连锁

→KM_Y常开触头闭合→KM线圈得电→KM自锁触头闭合自锁

　　　　　　　　　　　　　　　→KM常闭触头断开

　　　　　　　　　　　　　　　→KM主触头闭合

→KM_Y主触头闭合→电动机M接成Y形→电机Y形起动

→KT线圈失电→KT常开触头延时断开→KM_Y线圈失电→KM_Y主触头断开→电机M解除Y形

　　　　　　　　　　　　　　　　　　　　　→KM_Y常开触头复位

　　　　　　　　　　　　　　　　　　　　　→KM_Y连锁触头复位

→$KM_{\triangle}$线圈得电→$KM_{\triangle}$主触头闭合→电动机△形全压运行

　　　　　　　　　→$KM_{\triangle}$连锁触头分断对KM_Y连锁

Y-△降压起动控制线路的特点是：起动电流和起动转矩都是△形接法的1/3，这种线路适用于轻载或空载起动、接法为△形的电动机。

实训　Y-△降压起动控制线路的安装与检修

一、实训目的

1. 学会JS7-A型时间继电器类型的变换（即通电延时型和断电延时型之间的变换）及变换后常闭触头、常开触头的确认。

2. U_1、U_2、V_1、V_2、W_1、W_2六个电动机接线端和端子排间的正确连接。

3. 学习接线图的绘制。

二、实训所需器材

1. 工具：常用电工工具。

2. 仪表：万用表、钳形电流表、绝缘电阻表。

3. 器材：在表6-1的基础上增加时间继电器。

三、实训内容

1. 时间继电器改装与检查。

2. 线路安装。

3. 质量检查。

四、实训步骤及要求

1. 将通电延时型时间继电器改装成断电延时型时间继电器。

2. 检查时间继电器的微动开关，判明其常开、常闭触头的线端位置。

3. 参照自动往返控制线路的安装，原理图如图6-5-4所示，接线图如图6-5-6所示。

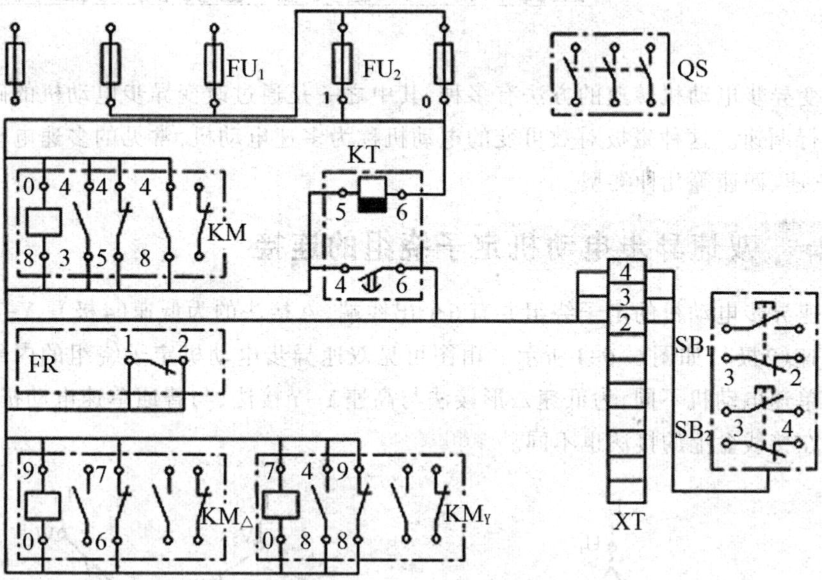

图6-5-6

4. 质量自检。

(1)对照原理图6-5-4检查主电路。

(2)万用表打在“Ω”挡，两表笔搭在FU2两端。

(3)按下按钮SB_1，万用表指针偏转(指针停留在时间继电器线圈的电阻值位置)。

(4)按下交流接触器KM，万用表指针偏转(指针停留在时间继电器线圈电阻与交流接触器KM、$KM_{\triangle}$线圈电阻并联电阻值位置)，再按下交流接触器KM_Y，万用表指针又偏转一角度(指针停留在时间继电器线圈电阻与交流接触器KM线圈电阻并联电阻值位置)。

(5)按下按钮SB_1，万用表指针偏转(指针停留在时间继电器线圈的电阻值位置)，再按下时间继电器微动开关，万用表指针又偏转一角度(指针停留在时间继电器线圈电阻与交流接触器KM_Y线圈电阻并联电阻值位置)。

五、注意事项

时间继电器类型变换以后，要通过改变线圈总成的位置，使时间继电器在线圈通电或断电后，微动开关都能动作正常。

任务六　双速异步电动机的控制线路

改变异步电动机转速的方法有多种，其中之一是通过改变异步电动机的磁极对数来进行调速。这种磁极对数可变的电动机称为多速电动机，常见的多速电动机有双速、三速、四速等几种类型。

知识一　双速异步电动机定子绕组的连接

双速异步电动机的定子绕组共有6个出线端，△接法的为低速(4极)，Y-Y接法的为高速(2极)，如图6-6-1所示。由图可见双速异步电动机定子绕组的内部连接与普通单速电动机不同，为低速△形接法与高速Y-Y接法，与普通单速电动机的Y-△接法在接线盒上的接法也不同。

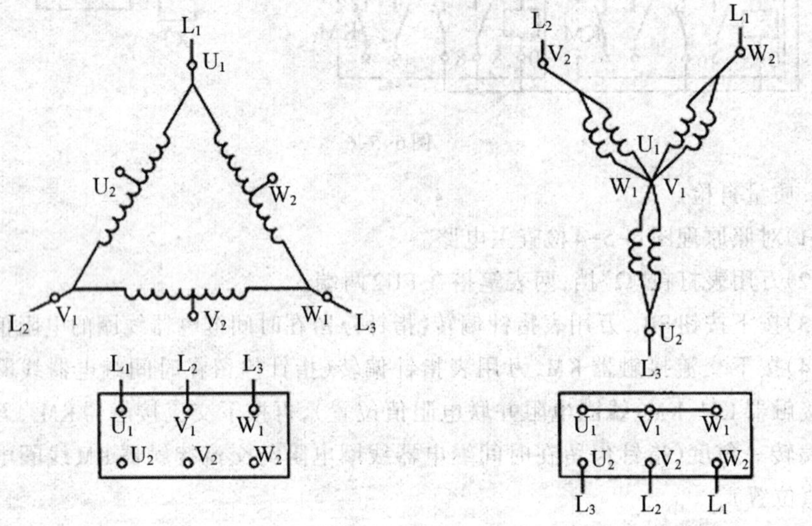

(a) 低速△形接法 (4级)　　(b) 高速Y-Y形接法 (2极)

图6-6-1

注意：双速电动机的定子绕组从一种接法改为另一种接法时，必须改变电源相序，以保证电动机的旋转方向不变。

知识二　双速异步电动机的控制线路

用按钮和接触器控制双速异步电动机的电路如图6-6-2所示。图中SB_1、KM_1控制电动机低速运转；SB_2、KM_2、KM_3控制电动机高速运转。

用时间继电器控制双速异步电动机的控制线路如图6-6-3所示。图中KM_1控制低速，KM_2、KM_3控制高速，时间继电器控制电动机低速起动到高速运转的自动切换。

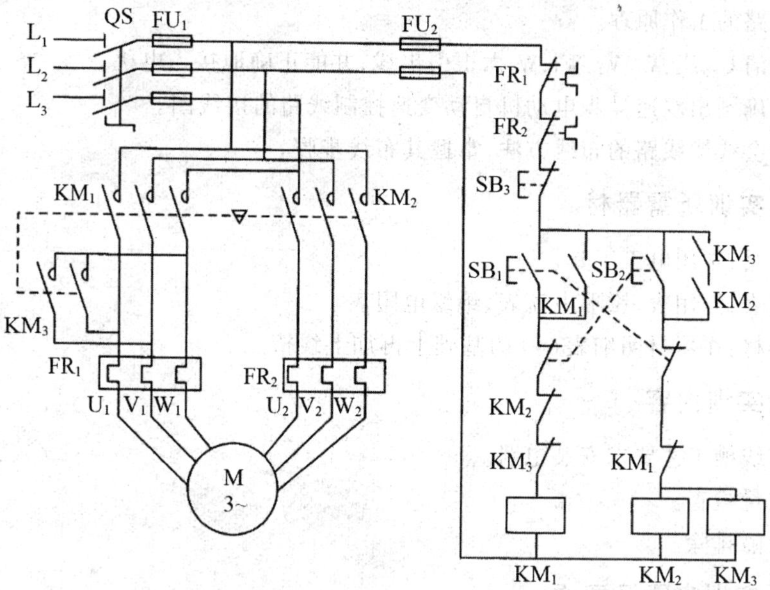

图 6-6-2

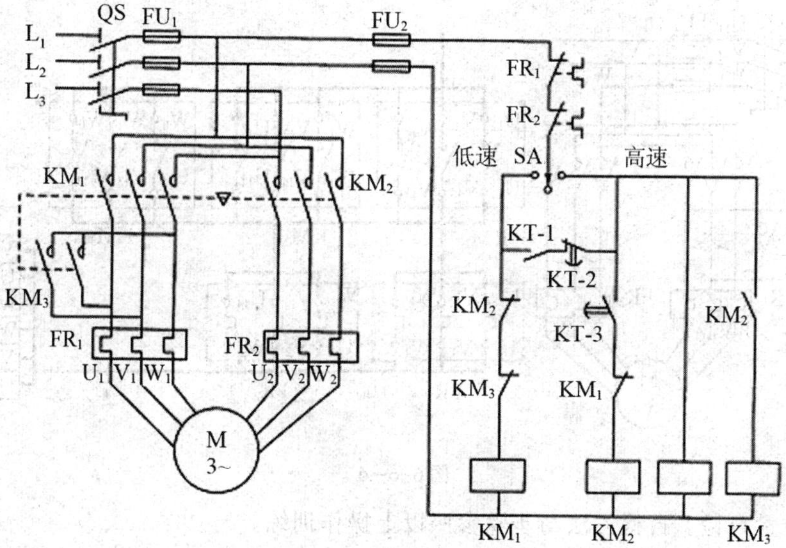

图 6-6-3

线路工作原理请自行分析。

实训 双速异步电动机控制线路的安装

一、实训目的

1. 知道三相异步电动机改变磁极对数的调速方法，掌握双速异步电动机自动变速控制线路的工作原理。

2. 分清U_1、U_2、V_1、V_2、W_1、W_2六根引出线，并能正确地接入电机。

3. 正确画出双速异步电动机自动变速控制线路的接线图。

4. 学会线槽线路的布线方法，掌握其布线步骤。

二、实训所需器材

1. 工具：常用电工工具。

2. 仪表：万用表、钳形电流表、绝缘电阻表。

3. 器材：在器材明细表6-1的基础上再加上线槽。

三、实训内容

1. 按线槽工艺要求安装电路。

2. 质量检查。

3. 故障排除。

四、实训步骤及要求

1. 参照自动往返控制线路的安装进行实训。原理图和接线图如图6-6-4所示。

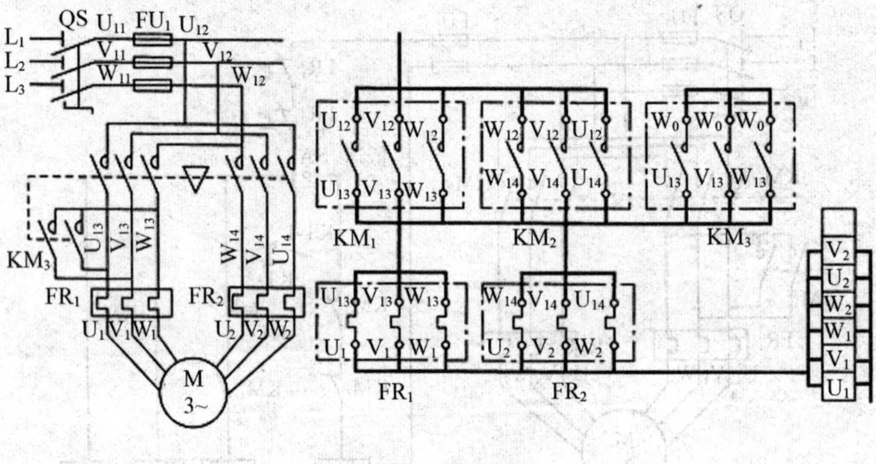

图6-6-4

2. 质量自检。自检方法与步骤参照以上操作训练。

五、注意事项

1. 双速电动机定子绕组从一种接法改变为另一种接法时，必须把电源相序反接，以保证电动机的转动方向不变。

2. 图6-6-4主回路接线图中的W_0点是为了接线方便、美观而增加的一个编号，不影响线路的控制功能，实际上图中KM_3的W_{13}点应该移到W_0点的位置。

练习题六

一、判断题(下列判断题中正确的请在括号内打"√",错误的请打"×")

1. 直接起动的优点是电气设备少、线路简单、维修量小。 (　　)
2. 三相异步电动机串电阻降压起动的目的是提高功率因数。 (　　)
3. 三相笼形异步电动机都可以用Y-△降压起动。 (　　)
4. 电磁抱闸通电动作型的性能是:当线圈通电时闸瓦紧紧抱住闸轮制动。 (　　)
5. 能耗制动的制动力矩与电流成正比,因此电流越大越好。 (　　)
6. 对多地控制,只要把各地的起动按钮并接即可实现。 (　　)
7. 位置开关是一种将机械信号转换为电气信号以控制运动部件位置或行程的控制电器。 (　　)
8. 要使三相异步电动机反转,只要改变定子绕组任意两相绕组的相序即可。 (　　)
9. 能耗制动的制动力矩与通入定子绕组中的直流电流成正比,因此电流越大越好。 (　　)
10. 直流电动机起动时,必须限制起动电流。 (　　)
11. 励磁绕组反接法控制并励直流电动机正/反转的原理是:保持电枢电流方向不变,改变励磁绕组电流的方向。 (　　)
12. 直流电动机进行能耗制动时,必须将所有电源切断。 (　　)
13. 直流电动机改变励磁磁通调速法是通过改变励磁电流的大小来实现的。 (　　)
14. 同步电动机本身没有起动转矩,所以不能自行起动。 (　　)
15. 同步电动机停车时,如需进行电力制动,最常用的方法是能耗制动。 (　　)
16. 三相笼形异步电动机的正/反转控制线路,采用按钮和接触器双重连锁较为可靠。 (　　)
17. 反接制动中由于制动时对电动机产生的冲击比较大,因此应串入限流电阻,而且仅用于小功率的异步电动机。 (　　)
18. 改变三相异步电动机磁极对数的调速,称为变极调速。 (　　)

二、单项选择题(下列每题中有多个选项,其中只有1个是正确的,请将正确答案的代号填在横线空白处)

1. 直接起动的优点是电气设备少、维修量小和____。

A. 线路简单　　B. 线路复杂　　C. 起动转矩小　　D. 起动电流小

2. 定子绕组串接电阻降压起动后，将电阻____，电动机在额定电压下正常运转。

A. 开路　　B. 短接　　C. 并接　　D. 串接

3. 为了使异步电动机能采用Y-△降压起动，电动机在正常运行时必须是____。

A. Y接法　　B. △接法

C. Y-△接法　　D. 延边三角形接法

4. 在正／反转控制电路中，两个接触器要相互连锁，可将接触器的____触头串接到另一接触器的线圈电路中。

A. 常开辅助　　B. 常闭辅助　　C. 常开主　　D. 常闭主

5. 三相笼形异步电动机的电磁抱闸断电动作属于____电路。

A. 点动控制　　B. 自锁控制　　C. 连锁控制　　D. 正／反转控制

6. 在电磁抱闸断电制动控制线路中，当电磁抱闸线圈____时，电动机迅速停转。

A. 失电　　B. 得电　　C. 电流很大　　D. 短路

7. 三相笼形异步电动机带动电动葫芦的绳轮常采用____制动方法。

A. 电磁抱闸　　B. 电磁离合器　　C. 反接　　D. 能耗

8. 反接制动电流一般为电动机额定电流的____倍。

A. 4　　B. 6　　C. 8　　D. 10

9. 异步电动机反接制动过程中，由电网供给的电磁功率和由拖动系统供给的机械功率转化为电动机转子热损耗的____。

A. 1/4　　B. 1/2　　C. 3/4　　D. 全部

10. 三相异步电动机能耗制动时，电动机处于____运行状态。

A. 电动　　B. 发电　　C. 起动　　D. 调速

11. 对于三相笼形异步电动机的多地控制，须将多个起动按钮并联，多个停止按钮____，才能达到要求。

A. 串联　　B. 并联　　C. 自锁　　D. 混联

12. 生产机械的位置控制是利用生产机械运动部件上的挡块与____的相互作用实现的。

A. 位置开关　　B. 挡位开关　　C. 转换开关　　D. 连锁按钮

13. 工厂车间的行车需要位置控制，行车两头的终点处各安装一个位置开关，这两个位置开关要分别____在正转和反转控制线路中。

A. 串联　　B. 并联　　C. 混联　　D. 短接

14. 改变直流电动机的电源电压进行调速，当电源电压降低时，其转速____。

A. 升高　　B. 降低　　C. 不变　　D. 不一定

15. 改变三相异步电动机的旋转磁场方向就可以使电动机____。

A. 停转　　B. 减速　　C. 反转　　D. 降压起动

16. 三相异步电动机的正／反转控制关键是改变____。

A. 电源电压　　B. 电源相序　　C. 电源电流　　D. 负载大小

17. 起重机电磁抱闸制动属于____制动。

A. 电力　　B. 机械　　C. 能耗　　D. 反接

18. 三相异步电动机反接制动时,采用对称制电阻接法,可以在限制制动转矩的同时,也限制____。

A. 制动电流　　B. 起动电流　　C. 制动电压　　D. 起动电压

19. 三相异步电动机按转速高低划分,有____种。

A. 2　　B. 3　　C. 4　　D. 5

20. 直流电动机起动时,起动电流很大,可达额定电流的____倍。

A. 4～7　　B. 2～25　　C. 10～20　　D. 5～6

三、技能练习

1. 双重连锁正/反转控制电气线路的安装

(1)内容及操作要求

①按电气原理图6-6-5及给定负载选择电气元件,配齐并检查电气元件。

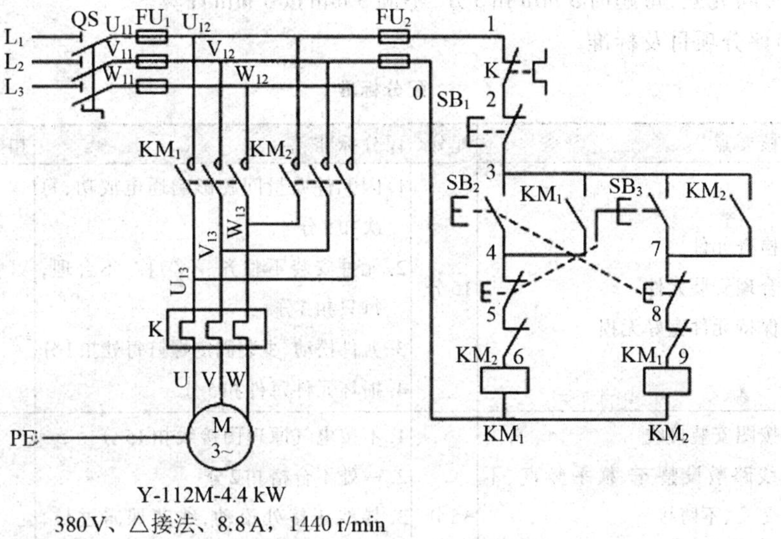

图6-6-5

②布置、固定电气元件。元件应安装牢固,排列整齐。

③在木制安装板上进行板前明线布线,导线应平直、整齐、走线合理,压接点压接牢固,并按规定套齐编码套管。

④检查线路,通电试运转。

(2)准备工作

①材料准备:安装板(650 mm×500 mm×50 mm)、木螺钉、导线、编码套管、元件明细表6-2所列元件等。

②设备、工具、仪表及器材准备:常用电工工具、万用表、通电试运行工作台、劳保用品等。

表6-2

序号	代号	名称	型号	规格	数量
1	M	三相异步电动机	Y-112M-4	4 kW、380 V、△接法、8.8 A，1440 r / min	1
2	QS	组合开关	HZ10-25 / 3	3极、25 A	1
3	FU_1	熔断器	RL1-60 / 25	500 V、60 A，配熔体25 A	3
4	FU_2	熔断器	RL1-15 / 2	500 V、15 A，配熔体2A	2
5	KM_1～KM_2	交流接触器	CJ10-20	20 A线圈电压380 V	2
6	K	热继电器	JR16-20 / 3	3极、20 A，整定电流8.8 A	1
7	SB_1～SB_2	按钮	LA4-3H	保护式、500 V、5 A、按钮数3	1
8	XT	端子板	JX2-1015	500 V、10 A、15节	1

(3)考核时限

①基本时间：180 min。

②时间允差：每超时5 min扣5分，不满5 min按5 min计算。

(4)评分项目及标准

配分标准

项目	考核要点	配分	评分标准	扣分	得分
元件安装	1. 检查元件 2. 合理安装元件 3. 保持元件完好无损	15分	1. 因元件质量问题影响通电成功，每次扣5分 2. 元件安装不整齐、不匀称、不合理，每只扣3分 3. 元件松动、少装固定螺钉每处扣1分 4. 损坏元件每件扣5分		
线路敷设	1. 按图安装接线 2. 线路敷设整齐、横平竖直、不交叉、不跨接 3. 导线压接紧固、规范，不伤线芯 4. 编码套管齐全	35分	1. 不按电气原理图接线扣15分 2. 一处不合格扣2分 3. 导线压接处松动，线芯裸露过长、压绝缘层、反圈、伤线芯每处扣1分 4. 每处缺一个扣0.5分		
通电试车	1. 正确整定热继电器整定值 2. 正确选配熔体 3. 通电前、后电源线和电动机的接线、拆线顺序规范正确 4. 通电一次成功 5. 安全文明操作	50分	1. 热继电器未整定或整定错误扣5分 2. 错配熔体扣5分 3. 接、拆线顺序每错一次扣5分 4. 一次试车不成功扣25分，两次试车不成功扣35分，三次试车不成功扣50分 5. 违反安全操作规程扣10～50分		
合计		100分			

2. 单向起动无变压器半波整流能耗制动控制线路的安装

(1)内容及操作要求

①按电气原理图6-6-6及给定负载选择电气元件,配齐并检查电气元件。

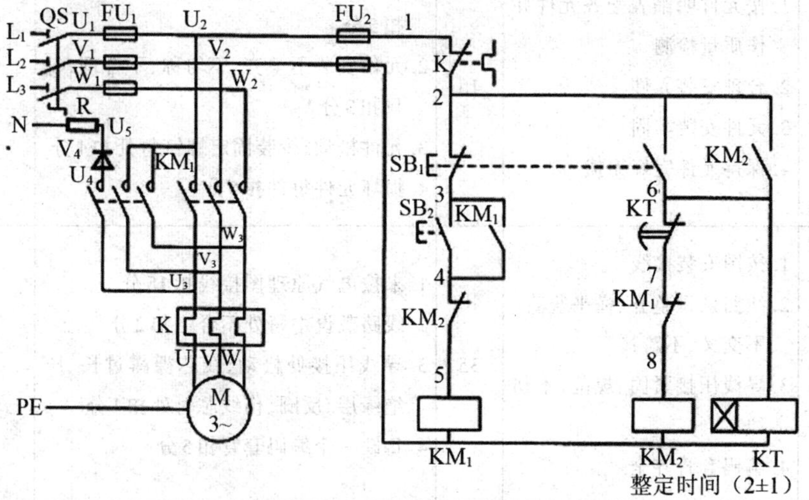

图6-6-6

②布置、固定电气元件。元件应安装牢固、排列整齐。

③在木制安装板上进行板前明线布线,导线应平直、整齐、走线合理、压接点压接紧固,并按规定套齐编码套管。

④在板外安装整流三极管(带散热器)和制动电阻。

⑤按要求调整时间继电器的整定值。

⑥检查线路,通电试运转。

(2)准备工作

①材料准备:木制安装板(650 mm×500 mm×50 mm)、木螺钉、导线、编码套管、元件明细表6-2所列元件等。

②设备、工具、仪表及器材准备:常用电工工具、万用表、通电试运行工作台、劳保用品等。

(3)考核时限

①基本时间:240 min。

②时间允差:每超时5 min扣5分,不满5 min按5 min计算。

(4)评分项目及标准

配分标准

项目	考核要点	配分	评分标准	扣分	得分
元件安装	1. 按元件明细表配齐元件并作质量检测 2. 合理安装元件 3. 元件安装牢固 4. 保持元件完好无损	15	1. 因元件质量问题影响通电成功，每次扣5分 2. 元件安装不整齐、不匀称、不合理，每只扣3分 3. 元件松动、少装固定螺钉每处扣1分 4. 损坏元件每件扣5分		
线路敷设	1. 按图安装接线 2. 线路敷设整齐、横平竖直、不交叉、不跨接 3. 导线压接紧固、规范，不伤线芯 4. 编码套管齐全	35	1. 未按电气原理图接线扣15分 2. 线路敷设中每处不合格扣2分 3. 导线压接处松动，线芯裸露过长、压绝缘层、反圈、伤线芯每处扣1分 4. 每缺一个编码套管扣5分		
通电试车	1. 正确整定热继电器整定值 2. 正确选配熔体 3. 通电前、后电源线和电动机的接线、拆线顺序规范正确 4. 通电一次成功 5. 安全文明操作	50	1. 热继电器未整定或整定错误扣5分 2. 错配熔体扣5分 3. 接线、拆线每错一次扣5分 4. 一次试车不成功扣25分，两次试车不成功扣35分，三次试车不成功扣50分 5. 违反安全操作规程扣10～50分		
合计		100			

四、思考与练习

1. 电路图、接线图、安装图各有什么作用？

2. 点动正转控制线路与连续正转控制线路的区别在哪里？

3. 热继电器与熔断器各起怎样的保护作用？

4. 安装点动连续正转控制线路。

5. 根据电动机额定功率调整热继电器整定值。

6. 在控制电路或主电路中设置1～2处故障，用万用表测试，分析排除故障。

7. 使电动机改变转向的主要原因是什么？按钮连锁与接触器连锁线路是如何实现的？

8. 电动机正／反转控制线路中为什么必须有连锁控制？

9. 自动控制盒自动往返控制应用在哪些地方？

10. 用验电笔检测电路，查找故障。

11. 按电动机正／反转控制电路安装的评分标准评分。

12. 在什么工作情况下应用顺序控制？

13. 自己设计一个顺序控制的电路。要求满足如下条件：(1) M_1起动后，M_2才能起动；(2) M_2起动后，M_3才能起动；(3) M_3停止后，M_1、M_2才能停止；(4) M_2、M_3一起停止。

14. 各种降压起动各用于什么场合的什么电动机？

15. 安装并检修通电延时型时间继电器自动控制Y-△降压起动线路。

16. 三相异步电动机有哪几种调速方法？该安装调速电路是哪种调速方法的运用？

17. 试画出△、Y-Y双速异步电动机电源进电动机接线盒的接线图，并说出接线时对电源的相序有何要求。

参考文献

1. 王兆晶. 电工操作技术要领图解. 济南:山东科技出版社,2005.

2. 劳动和社会保障部教材办公室. 维修电工技能训练. 北京:中国劳动社会保障出版社,2001.

3. 劳动和社会保障部教材办公室上海市职业培训指导中心. 维修电工. 北京:中国劳动社会保障出版社,2004.

4. 曾祥富. 电工技能与训练. 北京:高等教育出版社,2002.

5. 余春辉. 电工技能训练与考核项目教程.北京:科学出版社,2009.